브레이크 성능이 좋아야 자동차의 최고 속도도 높아질 수 있다. 마찬가지 이치로 인공지능에 대한 신뢰도가 높아져야 모든 곳에 인공지능Everywhere AI이 구현되는 세상이 될 수 있다. 인공지능의 신뢰성에 관한 사회적 논의는 더 이상 원칙적인 선언만 반복해서는 안 된다. 법적, 제도적인 뒷받침과 함께 기술적인 해결책을 본격적으로 고민할 때다. 기술로 생긴 문제는 기술을 통해 풀어야 하는 법이다. 이 책은 인공지능과 관련한 정책을 수립하거나 기술을 개발하고자 하는 이들에게 폭넓은 인사이트와 최신 정보를 제공해줄 것이다.
— 문용식, 한국지능정보사회진흥원 원장

바야흐로 인공지능의 시대에 들어섰다. 기술이 발전한 만큼 위험성도 높아지고 있어서 본격적으로 인공지능의 신뢰 가능성에 대해 연구자들뿐 아니라 산업계와 정부도 고민하고 대책을 찾아야 하는 시점이다. 이 책은 인공지능의 신뢰 가능성에 대하여 신뢰성, 공정성, 투명성, 설명 가능성, 견고성 관점에서 현재의 기술 수준과 문제가 되는 사례를 소개하고 해결하기 위한 세계의 학계와 산업계의 노력들 그리고 국내의 접근 현황을 일목요연하게 설명하고 있다. 최근 들어 우리나라의 인공지능 기술도 글로벌 경쟁력을 보여주고 있다. 초대규모 인공지능Hyperscale AI에선 미국과 중국과 어깨를 나란히 하는 상황이다. 이제 우리도 신뢰 가능한 인공지능에 대해 선언적 형태를 넘어 실행 가능한 기술적 해결책을 만들어가는 것이 더욱 중요하다. 국내 인공지능 분야의 학계와 산업계 전문가 그리고 정책 관련 종사자분들께 이 책을 꼭 권하고 싶다.
— 하정우, 네이버 AI LAB 연구소장

실험실을 떠난 인공지능이 우리 삶과 산업의 다양한 분야에 본격적으로 활용되기 시작하면서 인공지능에 대한 신뢰성 문제가 핵심적인 화두로 떠오르고 있다. 이 책은 인공지능의 신뢰도와 관련된 다양한 측면들을 기술적인 관점에서 정의하고 실현하기 위한 전 세계적인 노력과 성과를 제시한다. 이를 통해 개념적인 수준에 머물러 있는 논의를 구체적으로 진행하는 데 있어 좋은 길잡이가 될 것으로 기대한다. 또한 국내 인공지능 연구자들이 새로운 연구 개발의 방향성을 잡고, 산업적으로도 보다 경쟁력 있는 기술을 개발할 수 있기를 바란다.
— 정규환, 뷰노 공동창업자 겸 CTO

이 책은 윤리적 선언의 차원을 넘어 인공지능의 신뢰성을 확보하기 위한 사회 기술적 제언을 풍부하게 담고 있다는 점에서 향후 인공지능 연구개발의 새로운 전환점을 제시하고 있다.
— 이원태, 한국인터넷진흥원 원장

인공지능은 스며드는 기술이다. 다른 기술과 달리 눈에 보이진 않지만 모든 곳에서 인간의 삶에 근본적인 변화를 불러온다. 첫 번째 산업혁명이 인간의 몸을 넘어서는 것이었다면 두 번째 산업혁명은 인간의 정신을 넘어선다. 신뢰할 수 있는 인공지능은 그 일이 닥치기 전에 우리가 반드시 답해야 할 질문이다. 더 늦지 않게 이 책이 나와서 정말 다행이다.
— 박태웅, 한빛미디어 이사회 의장

이 책은 인공지능 활용에 대한 옳은 방향성이 무엇인가를 이야기한다. 책의 각 장에는 신뢰할 수 있는 인공지능을 만들기 위한 주요 테크 기업과 국가들의 고민과 노력이 백과사전처럼 담겨 있다. 인공지능과 관련된 책들은 보통 어렵기 마련이다. 그런데 이 책은 지금의 인공지능 기술이 가진 문제의 현상과 본질 그리고 해결을 위한 노력들이 이해하기 쉽게 기술돼 있다. 저자인 한상기 박사의 절제력이 확 와닿을 정도이다. 더불어 저자는 이 분야를 연구하고 싶은 독자들을 꼼꼼한 참고문헌으로 보살피고 있다. 디스토피아적 전개까지는 아니라도 나처럼 인공지능이 뭔가 미심쩍은 기술이라는 찝찝함을 느끼고 있는 사람이나, 인공지능을 새로운 단계의 세상을 만들 도구로 믿고 있는 사람 모두에게 이 책을 강력하게 추천하는 바이다.
— 이민석, 이노베이션 아카데미 학장

인공지능 모델이 시각인지, 언어이해 등 여러 분야에서 적극적으로 활용되면서 우리의 삶에 어떤 영향을 미치는지 법률적, 윤리적, 기술적으로 조망하는 것이 필요하다. 저자의 깊고 넓고 다양한 식견이 반영된 이 책은 인공지능의 신뢰성과 설명성에 대한 다양한 분야의 중요한 이슈를 체계적으로 종합해 제공하는 중요한 결과물이라고 생각한다.
―최재식, 카이스트 인공지능대학원 교수

미래의 일이 아니라 지금 발생하는 인공지능 '기술'의 문제들을 어떻게 이해하고 대응해야 할까? 저자는 '신뢰할 수 있는 인공지능'에 대한 국제기구와 글로벌 기업의 최신 동향을 소개하고 우리나라에 필요한 행동 강령을 제안한다. 이 책은 엔지니어와 기업인은 물론 법학, 사회학, 철학 등 모든 분야의 관계자들이 꼭 알아야 할 기술과 제도의 이슈가 망라돼 있다. 이로써 우리도 선진국의 격에 맞는 '인간적 기술'을 구현할 기초를 갖추게 됐다.
―김재인, 경희대 비교문화연구소 학술연구교수 · 『인공지능의 시대, 인간을 다시 묻다』 저자

2016년 구글 알파고와 이세돌의 대국을 통해 인공지능이라는 단어가 일반인들에게 깊게 각인됐다. 또한 코로나19의 확산과 더불어 어떤 직업들이 인공지능으로 대체될지에 대한 논의가 뜨겁다. 동시에 최근 과학계에선 인공지능 만능론에 대한 경고를 잇달아 제기하고 있다. 이 책에서는 주요 주제인 공정성, 윤리성, 투명성과 설명 가능성, 견고성, 안정성 등에 대해 현재 각국의 연구개발 수준을 진단하고 향후 우리가 나아가야 할 방향을 제시하고 있다. 특히 각각의 주제가 딱딱하고 쉽지 않음에도 불구하고 저자의 풍부한 전문성과 그간의 다양한 경험, 그리고 이야기꾼으로서의 재능을 바탕으로 인공지능을 잘 모르는 사람들도 매우 재미있게 읽을 수 있게 하였다. 부디 이 책이 우리 기업들과 정부로 하여금 글로벌 인공지능경쟁력을 갖추게 하기 위한 마중물이 되기를 희망한다.
―김승주, 고려대 정보보호대학원 교수

신뢰할 수 있는 인공지능

인공지능을 사회에서 받아들이기 위한 조건

신뢰할 수 있는 인공지능

TRUSTWORTHY AI

한상기 지음

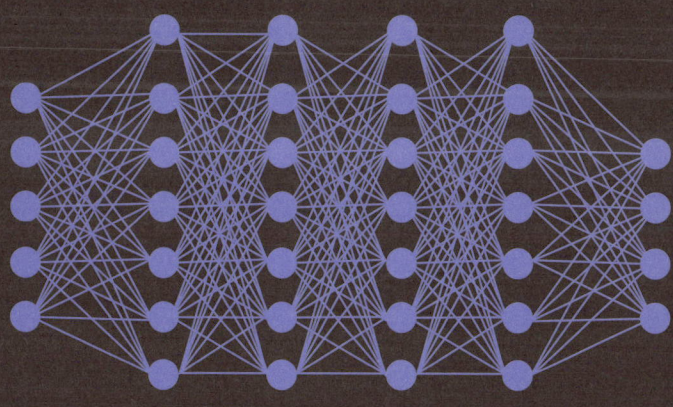

클라우드나인

떨어져 있어도 늘 힘을 주는
제니퍼, 피터, 마이크에게

들어가는 글

    인공지능은 1950년대 탐색 방식을 통한 첫 번째 물결을 시작으로 1980년대 지식 기반 시스템을 통한 두 번째 물결을 거쳐 2010년 이후로 머신러닝과 딥러닝이라는 새로운 패러다임을 통한 세 번째 물결을 맞이하고 있다. 다양한 인공지능 기술이 급속도로 사회 전 분야에 퍼져나가고 있다. 스마트폰이 얼굴을, 스피커와 TV 리모컨이 말을 인식한다. 상품이나 음악과 영상 콘텐츠를 추천하고, 스팸 메일을 탐지하고, 금융 자산을 관리하고 투자를 권하고, 문서 작업을 돕고, 인재를 선발하는 등 어디에나 인공지능 기술이 스며들고 있다.

    인공지능 기술이 일상생활, 기업활동, 사회 시스템에 활용되면서 과거 전문 영역에서 사용하던 차원과는 다른 일들이 일어나기 시작했다. 우리 사회가 기본적으로 지키고자 하는 규범과 어긋나거나 윤리적 딜레마를 겪는 상황, 사람의 안전에 직접 영향을 미치는 상황이 발생하고 있다. 또 인공지능을 활용한 의사결정 과정이 불투명해 실제 환경에 적용하는 데 큰 장애가 될 수 있음이 드러났다. 연구자와 엔지니어는 모델의 미완성이나 작은 오류에 불과하다고 생각하지만 일반 사람들은 차별적이거나 부당하다고 생각할 수 있다.

예를 들면 얼굴 인식이 인종과 성별의 차이로 됐다거나 금융, 복지, 채용에서 프로그램에 의한 판정이 자신에게 부당하게 처리됐다고 여겨도 그 과정이 제대로 설명되지 못한다는 한계를 알게 됐다. 왜 네이버나 유튜브에서 뉴스나 영상 콘텐츠를 추천하는지, 왜 내가 보는 검색 결과는 다른 사람과 다른지, 과연 인공지능을 얼마나 신뢰할 수 있는지 의심하기 시작했다. 자율주행이나 의료 진단, 치료 방식 제안의 경우 인공지능이 제시하는 결정이 윤리적으로 올바르고 사회적으로 용납될 수 있을 것인가 하는 딜레마에 빠질 수도 있다. 인공지능 자체에 여러 가지 취약점이 있다는 것이 밝혀지면서 해킹 가능성이나 오류 발생의 문제가 사회 구성원 전체에게 끼칠 영향이 적지 않음을 인식하게 됐다.

인공지능이 인류에게 유익하게 사용돼야 한다는 원칙은 일찍부터 논의돼왔다. 하지만 정부, 시민 단체, 연구 그룹에서 이런 원칙을 어떻게 체계적으로 만들 것인가를 협의하기 시작한 것은 최근 몇 년에 불과하다. 인공지능 윤리 원칙, 가이드라인, 신뢰할 수 있는 인공지능의 기본 프레임워크 등이 다양하게 나와 있으며 현재 80여 개가 넘는다. 이런 원칙이 실제로 작동하기 위해서는 '선언적 원칙'을 정하는 것만으로는 부족하다. 이런 원칙을 실제 시스템 안에서 어떻게 구현하고 검증할 수 있는가에 대한 '기술적 접근'이 이루어져야 한다. 이를 위해 학계와 산업계는 본격적으로 기술 구현을 시도하고 최근 2~3년간 몇 가지 도구와 기본적인 연구 결과를 발표해오고 있다. 인공지능 연구자들도 이제 '원칙'은 그만 얘기하고 실제 적용할 '기술'을 개발하자는 분위기다.

 이 책은 많은 인공지능 원칙을 '신뢰'라는 하나의 큰 주제로 묶었다. 그리고 다시 세부 주제로 나누어 각 주제의 의미, 주요 연구 성과, 기업의 산출물 등을 소개하고 있다. 주요 기업의 산출물이 아직은 소프트웨어 라이브러리나 툴킷 같은 도구의 성격에 머무르고 있다. 그렇긴 해도 이를 기반으로 국내 기업이나 연구자들이 새로운 연구개발을 수행하는 데 도움이 되길 희망한다.

 이 책을 쓰기 전에 필자는 관련 연구를 두 번 수행했다. 2018년 정보통신기획평가원IITP이 의뢰한 「인공지능 윤리 기술 프레임워크」와 한국전자통신연구원ETRI이 의뢰한 「신뢰성 있는 인공지능 구현을 위한 기술 분석」이다. 두 연구를 통해 신뢰할 수 있는 인공지능의 주요 주제인 공정성, 윤리, 투명성, 견고성, 안전성의 주제가 어떤 의미이며 지금까지 연구개발이 어느 방향으로 이루어졌는지를 이해할 수 있었다. 이러한 연구 경험을 기반으로 현재 인공지능의 기본 모델 연구 못지않게 인공지능을 실생활에서 본격적으로 사용하기 위해서 해결해야 할 이슈와 연구개발 기회가 매우 많음을 널리 알리고 싶었다.

 또한 컴퓨터과학 분야 밖의 연구자들이 인공지능의 사회적 이슈에 관한 다양한 주제의 연구를 하고 있는데 그 연구 결과를 실제 구현하기 위해서 얼마나 많은 기술 개발이 필요한지도 알리고 싶었다.

법학자, 경제학자, 인문학자, 사회학자들이 관련 연구를 할 때는 우리가 쉽게 얘기하는 이슈와 기능을 실제 구현하기 위해 기술적으로 매우 깊이 있는 연구가 필요하다. 이 책이 그러한 것을 이해하고 기술 전문가와 토의를 할 때 참고가 되기를 바란다.

1장에서는 왜 인공지능의 '신뢰성'이 중요한 이슈인지, 학계와 산업계가 신뢰성과 관련해서 어떤 노력을 하는지, 우리가 주목해야 할 주요 원칙과 가이드라인은 무엇인지, 주요 기업의 접근 방식과 현황은 어떤지 다루었다.

2장에서는 지난 몇 년 동안 사회적으로 가장 예민한 이슈가 된 '공정성' 문제를 다뤘다. 현재 기업들이 가장 민감하게 반응하는 주제로서 불공정을 완화하기 위해 개발된 다양한 도구와 기술을 소개했다. 공정성은 사회 구성원이 동의하는 공통 기반이 무엇이고 어떤 지표가 기준인지에 따라 매우 다양한 결과를 보일 수 있는 주제라는 것을 잊지 말아야 한다.

3장에서는 인공지능의 '윤리성' 문제를 다뤘다. 이는 가장 오래된 주제이며 접근하기 쉽지 않은 문제이다. 어떤 것이 윤리적으로 올바른 판단인가를 누가 어떻게 정할 것인가와 함께 과연 인공지능이 도덕적 판단을 하는 개체가 되는 것이 맞는가를 동시에 질문해야 하기 때문이다. 윤리적인 인공지능에는 아주 다양한 차원의 이슈와 여러 연구 결과가 있다. 하지만 아직 실제로 활용할 수준은 아니다. 앞으로 우리가 무슨 연구를 더 해야 하는가를 함께 생각해보고자 한다.

4장에서는 인공지능 시스템의 알고리듬과 모델의 '투명성' 문제를 소개했다. 여기서 다루는 투명성은 기업에서 주요 의사결정의 투명성이나 정부 또는 법 집행기관과의 관계에서의 투명성과는 조금 다른 개념이다. 투명성에서 가장 문제시되는 설명 가능성 기능은 우리가 인공지능을 사용하는 영역에 따라 필수적일 수도 있고 아닐 수도 있다. 하지만 많은 사람이 직접 접하는 금융, 채용, 공공서비스 영역에서는 매우 중요한 기능이다. 따라서 이 연구는 매우 활발하게 이루어지고 있다. 앞으로 인공지능 서비스에 투명성을 포함하지 않는다면 기업이나 기관에서 서비스로 채택되기 쉽지 않을 것이다.

5장에서 다룬 '견고성과 안전성'은 우리가 사용하는 인공지능이 가진 취약성이다. 인공지능의 판단을 어디까지 믿을 수 있으며 사용자들의 안전과 시스템 보안을 위해 어떤 상황이 이루어지는지 소개하고 있다. 인공지능 시스템이 아주 간단한 속임수로도 잘못된 판단을 할 수 있다는 것이 알려지면서 국방과 같은 미션 크리티컬mission critical 분야에서 매우 민감한 주제가 됐다. 또한 자율주행차처럼 사람의 안전 문제가 중요한 영역에서 인공지능의 판단이 얼마나 안전한지와 이를 검증하기 위한 노력에 대해 다루었다.

이 책에서 소개하는 4가지 주제인 공정성, 윤리성, 투명성과 설명 가능성, 견고성과 안전성은 인공지능 관련 원칙이나 가이드라인에 가장 자주 등장하는 공통 주제이다. 이 4가지 주제를 구체적으로 해결해야 사회 전 분야에서 인공지능 기술을 본격적으로 의미 있게 사용할 수 있다. 그 외에 '신뢰할 수 있는 인공지능'이라는 큰 주제에는 책임, 프라이버시, 지속가능성 등의 추가 주제를 포함하기도 한다.

인공지능과 관련한 이슈는 단지 문제 제기와 원칙을 세우는 것에 머물러서는 안 되고 '기술을 통해' 문제를 없애거나 최소화하기 위한 연구가 필요하다. 인공지능이 미래 사회에 필수적인 기반 기술로서 인간과 공존하는 존재가 돼야 하고 나아가 신뢰할 수 있는 사회 구성원의 역할을 할 수 있어야 하기 때문이다.

이 책으로 인공지능 연구자들이 알고리듬, 모델, 시스템에 관한 연구 외에도 인공지능의 발전을 위한 다양한 연구 과제가 있다는 것을 알게 되길 기대한다. 또한 인공지능과 사회 문제를 연구하는 다양한 학자들이 다루는 주제나 문제점 해결 방안이 기술적으로 얼마나 어려운 과제인지, 문제해결을 위해 어떤 기술이 필요한지를 이해할 수 있기를 바란다. 나아가 정책 입안자들이 사회에서 인공지능을 더 의미 있고 쓸모 있게 사용하기 위해서 앞으로 보완하고 추가로 개발할 기술이 무엇인지 논의하게 되기를 희망한다.

책을 만드는 과정에서 일반 독자들이 어렵지 않게 읽을 수 있도록 잘 다듬어준 클라우드나인 편집자들과 연구 기회를 준 정부 산하 기관, 여러 발표를 통해 생각의 폭을 넓히고 좀 더 다양한 사례를 발굴할 수 있게 해준 정부기관, 기업, 단체와 관련 전문가들에게 감사의 마음을 전하고 싶다.

2021년 9월
한상기

차례

들어가는 글 · 6

1장 인공지능의 신뢰성 · 15

1. 왜 인공지능의 신뢰성이 중요한 이슈인가 · 21

2. 우리가 주목해야 할 원칙과 기준은 무엇인가 · 24

    아실로마 23원칙 · 25
    유럽연합 집행위원회의 가이드라인과 프레임워크 · 28
    경제협력개발기구의 인공지능 원칙 · 32
    유럽연합의 인공지능 법 초안과 추가 전략들 · 34
    그 외 기관들이 만든 원칙 또는 선언문 · 37
    국내의 접근 · 43

3. 주요 테크 기업은 신뢰성에 어떻게 대응하는가 · 46

    구글의 책임감 있는 인공지능 정책 · 46
    마이크로소프트의 인공지능 원칙 · 49
    IBM의 신뢰할 수 있는 인공지능 · 52
    페이스북의 책임감 있는 인공지능 · 54
    국내 기업의 경우: 카카오, 네이버, 삼성전자 · 57

4. 마치며 · 61

2장 인공지능의 공정성 · 65

1. 왜 내 얼굴은 잘 인식하지 못하는가 · 69
2. 왜 언어 처리에서 불공정성이 생기는가 · 75
3. 왜 나에 대한 인공지능 평가가 불공정한가 · 80
4. 인공지능은 감시사회를 만들 것인가 · 88
5. 주요 테크 기업은 공정성에 어떻게 대응하는가 · 94
6. 마치며 · 107

3장 인공지능의 윤리성 · 111

1. 철학, 인지과학, 심리학에서는 어떻게 논의되고 있는가 · 118
2. 학자들의 인공지능 윤리 연구는 어떻게 되고 있는가 · 128
    초기의 연구들 · 129
    윤리적 딜레마 · 134
    개별적 윤리 결정 · 140
    집단적 윤리 결정 · 145
3. 인공지능 윤리 연구의 주요 그룹은 무엇이 있는가 · 148
4. 마치며 · 155

4장　인공지능의 투명성과 설명 가능성 · 159

1. 왜 인공지능의 투명성이 필요한가 · 161
2. 인공지능의 투명성 연구는 어떻게 되고 있는가 · 169
3. 주요 테크 기업은 투명성에 어떻게 대응하는가 · 179
4. 마치며 · 191

5장　인공지능의 견고성과 안전성 · 195

1. 왜 적대적 머신러닝이 위험한가 · 199
2. 왜 자율주행차는 사고를 일으키는가 · 206
3. 로봇이 일으키는 사건들은 무엇이 있는가 · 213
4. 딥페이크의 문제는 무엇이고 어떻게 대응해야 하는가 · 218
5. 주요 연구 그룹은 안전성 연구를 어떻게 하는가 · 225
6. 마치며 · 235

나오는 글 · 238
미주 · 245

1장

인공지능의 신뢰성

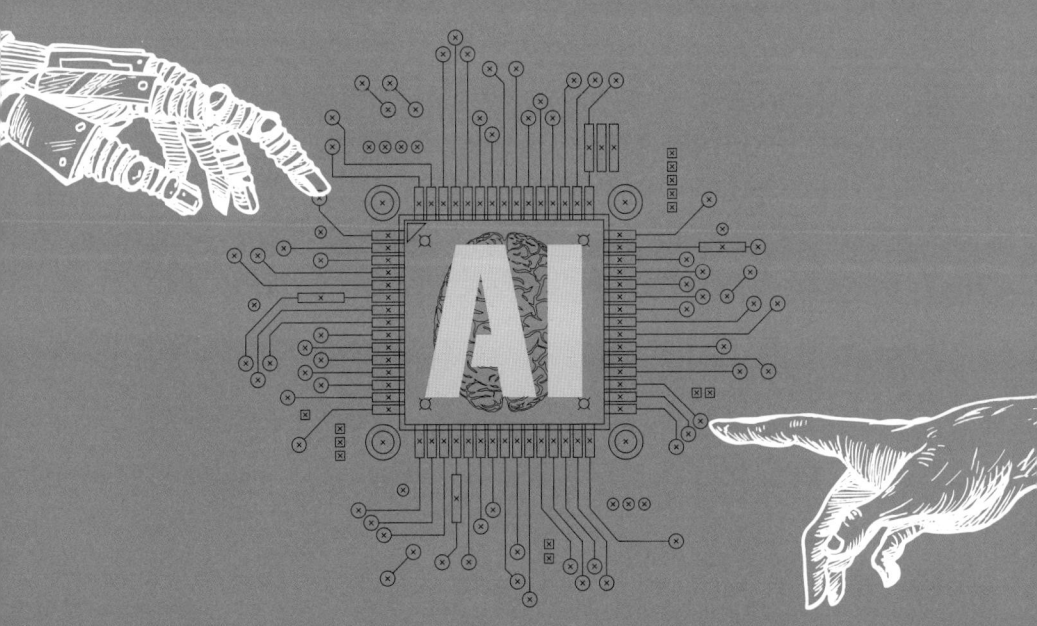

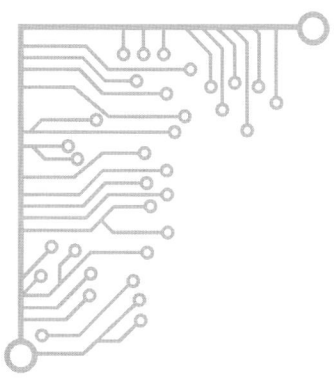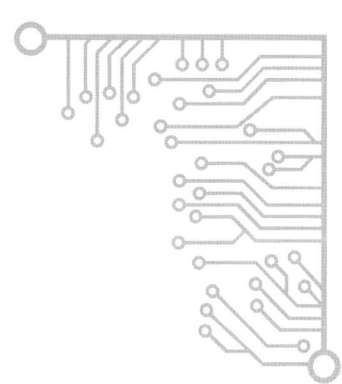

"인공지능 신뢰성은 갖추면 좋은 것이 아니라 반드시 갖추어야 하는 것이다."

— 마르그레테 베스타게르Margrethe Vestager, 유럽연합 집행위원회 부의장

2020년 2월 바티칸의 교황청 생명학술원에서는 '좋은 알고리듬? 인공지능의 윤리'라는 주제로 워크숍이 열렸다. 이때 교황청은 인공지능과 알고리듬의 윤리를 요청하는 권고안인 「로마가 인공지능 윤리를 요청함Rome call for AI ethics」을 발표했으며 교황이 이를 직접 제안했다.[1] 이 워크숍은 교황청 생명학술원 원장인 빈첸초 팔리아Vincenzo Paglia 추기경이 주관했는데 마이크로소프트의 브래드 스미스Brad Smith 사장, IBM의 존 켈리 3세John Kelly III 부사장, 유엔 식량농업기구FAO의

취동위屈冬玉 사무총장, 이탈리아 정부의 파올라 피사노Paola Pisano 기술혁신부 장관이 합의안에 서명했고 유럽의회 의장 다비드 사솔리David Sassoli가 참석했다.

교황청이 정부, 단체, 기업, 그리고 인류에게 어떤 특정 기술에 관한 무엇인가를 요청한 것은 핵무기와 환경 문제 외에는 없었다. 도대체 인공지능이 얼마나 중요한 문제이기에 교황이 직접 나서서 관심을 촉구했을까? 물론 이런 관심이 인공지능이 가까운 장래에 인간 능력을 추월하고 인류 문명을 위협한다거나 핵무기보다 위험하다는 유의 경각심에 대한 것은 아니다. 그런 일은 21세기에는 일어나지 않을 것이라는 게 내 생각이다. 이 책은 인간을 초월하는 초지능이나 인간만큼 똑똑하다는 '범용 인공지능AGI, Artificial General Intelligence'에 대한 얘기가 아니라 지금 우리 사회에 등장한 '기술'에 대한 얘기다.

사회 여러 영역에 인공지능 기술이 활용되면서 서비스가 점점 더 편리해지고 똑똑해진다고 한다. 그런데 왜 내 얼굴은 다른 사람보다 덜 인식이 되는 걸까? 왜 회사 면접에서 채용 판단 인공지능이 나를 탈락시킨 걸까? 왜 인공지능이 내 대출은 승인하지 않는 걸까? 왜 나와 다른 사람의 이자율은 차이가 큰가? 왜 인공지능이 판단한다는 정부 복지 수당 처리에서 제외되는 경우가 발생할까? 인공지능을 활용하는 자율주행차나 로봇은 안전할까? 우리는 사고가 났을 때 그 원인이 무엇인지 알 수 있을까? 왜 인공지능 기반 판결은 특정 그룹의 사람에게 더 가혹할까? 이런 일들은 미래의 일이 아니라 지금 발생하고 있는 문제들이다.

우리 사회도 다양한 영역에서 인공지능이 활용되고 있다. 분명 인공지능을 이용한 자동화나 인공지능 예측 능력이 주는 장점이 있다. 하지만 여러 측면에서 역기능과 사회적 과제가 발생하고 있고 이를 풀어내야 한다는 목소리가 2~3년 동안 꾸준히 제기돼왔다. 인공지능은 사실 완전한 자동화보다는 최종 판단을 하는 인간에게 예측 결과를 제시하는 협력자 역할을 하는 경우가 더 많다.[2] 그런데 그 예측 결과를 우리가 신뢰할 수 없다면 최종 결정을 하는 인간의 판단 역시 정확하지 않거나 의미가 없을 수 있다.

인공지능 예측에 대한 신뢰 문제에는 학습 데이터의 부족이나 왜곡, 불완전한 기술 등 다양한 원인이 있다. 다시 말해 학습 데이터의 편향과 왜곡에 의한 편견, 예측이나 판단 결과가 사회 규범이나 가치 기준에 맞지 않는 부적합성, 전체 예측 과정의 불투명성, 일부 적대적 입력 데이터에 대한 취약성, 안전성에 대한 신뢰 문제 등과 결과에 관한 책무성을 누가 어떻게 책임져야 하는가 등 여러 측면의 문제가 드러났고 이를 해결해야 한다는 인식이 점점 높아지고 있다.

우리가 인공지능의 의사결정 지원을 신뢰할 수 없다면 어떻게 될까? 우리가 지금 많은 발전을 보고 놀라워하고 감탄하는 인공지능 기술을 과연 사회의 다양한 현장에서 실제로 활용할 수 있을지에 대해서 의문을 가질 수밖에 없다. 이 문제를 해결하거나 최소화하는 것이 기술적으로 가능해야 한다. 그래야 우리는 이러한 기술을 통해 새로운 가치와 이익을 얻을 수 있다.

인공지능에 대한 신뢰 문제는 여러 주제로 연구가 진행돼왔다. 대표적인 것이 공정성, 설명 가능성과 투명성, 인간 가치와 윤리, 견고성과 안전성, 책무성이다. 이를 통합적으로 접근한 주제가 '신뢰할 수 있는 인공지능'이며 현재 인공지능 거버넌스를 얘기할 때 가장 기본적인 논의 항목이기도 하다.

1
왜 인공지능의 신뢰성이 중요한 이슈인가

인류 사회에 혜택을 제공하면서 기술의 발전이 갖는 부정적인 영향을 최소화하는 방안이 무엇인가에 대한 논의는 학제적인 연구 커뮤니티에서 매우 중요한 주제가 돼왔다. 이런 특성을 가진 인공지능을 어떻게 호칭할 것인가에 대해서도 다양한 학자들이 제안하고 있다. 인공지능 연구가이면서 작가인 엘리에저 유드카우스키Eliezer Yudkowsky는 2001년에 쓴 에세이에서 이를 '우호적인 인공지능Friendly AI'이라고 부르면서 인공지능의 목적을 우리 사회의 목적에 맞추는 것이라고 했다.³ 유드카우스키는 버클리에 있는 기계지능연구소MIRI의 공동 설립자이며 『슈퍼 인텔리전스』의 저자로 유명한 철학자 닉 보스트롬Nick Bostrom과 인공지능 윤리 등에 대한 기본적인 글을 쓴 학자다.

그가 주장하는 우호적인 인공지능은 디자인 초기부터 우호성이 디자인돼야 하며 디자이너가 자신의 디자인에 결함이 있음을 인정하고 시간이 지남에 따라 지속적으로 학습하고 진화해야 한다는 것을 의미한다. 그러나 MIT의 물리학자 맥스 테그마크Max Tegmark는 우호적인 인공지능 연구가 생각보다 쉽지 않다는 것을 3가지 하위 문제로 설명했다.4 3가지 하위 문제란 인공지능이 '우리 목적'을 어떻게 학습하고 채택하고 유지할 수 있는가를 말한다. 사실 인류가 우리 목적에 대해 어떻게 동의할 수 있는가도 쉬운 문제가 아니다.

그 후 미국 보스턴에 있는 생명의미래연구소FLI를 중심으로 '유익한 인공지능Beneficial AI'이 단기적인 목표로 설정돼 연구가 시작됐다. 2014년에 설립된 생명의미래연구소는 범용 인공지능이 금세기 안에 만들어진다는 전제하에 중요한 질문에 대한 대답을 최대한 빨리 내놓을 수 있어야 한다는 생각을 공유하는 비영리 기관이다. 스튜어트 러셀Stuart Russell, 닉 보스트롬, 고 스티븐 호킹Stephen Hawking, 프랭크 윌첵Frank Wilczek과 같은 인공지능 연구자, 철학자, 과학자 등이 자문위원이다.

버클리대학교의 스튜어트 러셀 교수는 최신 저서『어떻게 인간과 공존하는 인공지능을 만들 것인가Human Compatible』에서 기계가 유익하다는 것을 다음과 같이 정의했다.5 '기계의 행동이 우리 목적을 달성할 것이라고 기대할 수 있는 한 기계는 유익하다.' 또한 유익한 기계를 개발하는 과정을 안내하는 3가지 원칙을 제시했다. 그러면서 이 3가지 원칙은 기계 안에 명시적으로 코딩된 것이 아니라 인간 개발자들을 위한 것이라고 강조했다.

- 기계의 유일한 목적은 인간이 선호하는 것을 최대로 실현하는 것이다.
- 기계는 초기에 인간이 선호하는 것이 무엇인지를 명확히 알지 못한다.
- 인간 선호에 대한 정보를 얻을 수 있는 궁극적인 소스는 인간 행위다.

2015년 푸에르토리코에서 열린 학회에서 인공지능 연구의 목적은 방향성 없는 지능을 개발하는 것이 아니라 인간에게 유용하고 이로운 혜택을 주는 지능을 개발하기 위함이라는 것을 공개적으로 선언하고 앞으로 유익한 인공지능 연구를 위해 수행할 주제를 발표해서 많은 주목을 받았다. 특히 학회를 마치면서 일론 머스크Elon Musk는 1,000만 달러를 인공지능의 안전 연구를 위해 기부한다고 발표했다.[6]

이런 초기 논의를 거치면서 우호적 인공지능 또는 유익한 인공지능을 넘어서 '신뢰할 수 있는 인공지능'으로 그 개념이 발전됐다. 이를 체계화하려는 노력이 여러 단체나 국제기구를 통해서 이루어졌다. 단지 개념 정립에 머무는 것이 아니라 본격적으로 논의하고 연구하기 위한 거버넌스와 프레임워크를 개발하는 방향으로 진행됐다.

2
우리가 주목해야 할 원칙과 기준은 무엇인가

    신뢰할 수 있는 인공지능에 대한 접근은 연구기관, 단체, 국제 협력체 등이 합의한 기준을 선언하고 이를 연구자, 정책 집행자, 기업 등이 준수할 것을 촉구하는 방식이었다. 최근 3~4년 동안 각 나라의 정부, 연구기관, 기업, 단체 등에서 발표한 인공지능의 신뢰성과 윤리에 대한 가이드라인 또는 원칙은 80여 개가 넘는다. 가이드라인이 너무 많이 쏟아지면서 일일이 찾아서 비교 검토하는 일이 어려울 정도다. 2020년 4월 독일의 비영리 단체인 알고리듬워치AlgorithmWatch는 이러한 인공지능 윤리 가이드라인을 모아서 하나의 디렉토리를 만들었고 빠진 것이 있으면 추가해달라고 요청했다.7

    2020년 1월 하버드대학교의 버크만센터Berkman Center는 전 세계에서 발표한 80여 개의 인공지능 원칙 보고서 중 36개의 중요한 보고서를 비교 분석한 백서를 발행했다.[8] 이 백서에서는 인공지능 원칙을 8개의 핵심 주제로 정리하고 있다. 8개의 핵심 주제란 프라이버시, 책무성, 안전과 보안, 투명성과 설명 가능성, 공정성과 차별 금지, 인간의 기술 통제, 직업적 책임, 인간 가치 증진이다. 36개의 보고서에서 제시한 다양한 원칙을 47개로 분류한 뒤 8개 핵심 주제별로 재구성했고 각 원칙에 대한 유사성과 차이점을 정리했다.

전 세계에서 지금까지 발간한 중요 선언과 보고서 중 대표적인 것은 2017년 1월 생명의미래연구소가 주관해서 발표한 아실로마 23원칙,[9] 2018년 3월 G7 혁신 장관의 선언문,[10] 2019년 4월 유럽연합 집행위원회EC 인공지능 고급 전문가 그룹의 발표,[11] 2019년 5월 발표한 경제협력개발기구OECD의 인공지능 원칙[12] 등이 있다. 여기에는 다양한 시각과 체계가 있다. 각 선언의 주요 구성과 가이드라인의 차이를 살펴보기로 하자.

아실로마 23원칙

생명의미래연구소는 유익한 인공지능에 대해 논의하기 위해 2015년, 2017년, 2019년에 콘퍼런스를 열었다. 그중 2017년 아실로마에서 23개의 인공지능 원칙을 발표했다. 캘리포니아주 몬터레이반도 바닷가에 위치한 아실로마는 다양한 콘퍼런스가 열린다. 특히 1975년 유전자 재조합과 관련해 유전공학자들이 지켜야 하는 원칙을 선언한 곳이기도 하다. 아마 그 전통을 인공지능 분야도 가져오려고 한 것으로 보인다.

아실로마 23원칙은 구글의 에릭 슈미트Eric Schmidt 회장, 딥마인드 창업자인 셰인 렉Shane Legg과 몬트리올대학교의 요슈아 벤지오Yoshua Bengio, 버클리대학교의 스튜어트 러셀, 스탠퍼드대학교의 앤드류 응Andrew Ng 교수 등이 참여했으며 참석자의 90% 이상이 찬성했다. 이 원칙은 연구 이슈, 윤리와 가치, 장기 이슈라는 세 범주로 구성되며 다시 그 아래 23개의 원칙으로 이루어져 있다. 주요 내용은 다음과 같다.

- 연구 이슈 범주에는 인공지능 연구 목표, 연구 투자, 과학과 정책의 연계, 연구 문화, 경쟁 지양과 같은 5개의 원칙을 담고 있으며 다음과 같이 설명하고 있다.
  - 인공지능 연구 목표는 방향성이 없는 지능을 개발하는 것이 아니라 인간에게 유용하고 이로운 혜택을 주는 지능을 개발하는 것이다.
  - 인공지능에 대한 투자는 컴퓨터과학, 경제, 법, 윤리와 사회 분야의 어려운 질문을 포함해 인공지능의 유익한 이용을 보장하는 문제에 대한 지원이 수반돼야 한다.
  - 인공지능 연구자와 정책 입안자 간에 건설적이고 건전한 교류가 있어야 한다.
  - 인공지능 연구자와 개발자 간에 협력, 신뢰, 투명성의 문화

가 조성돼야 한다.
- 인공지능 시스템 개발 팀은 안전 기준에 맞지 않는 부실한 개발이 되지 않도록 적극적으로 협력해야 한다.
• 윤리와 가치 범주는 인공지능의 안전, 장애 투명성, 사법적 투명성, 책임, 가치관 정렬, 인간의 가치, 개인정보 보호, 자유와 개인정보, 공동 이익, 공동 번영, 인간의 통제력, 비파괴, 인공지능 무기 경쟁(군비 경쟁에 사용 금지)과 같은 13개의 원칙을 포함한다.
• 장기 이슈 범주는 인공지능 능력에 관한 주의, 중요성, 위험(완화 노력), 재귀적 자기 개선(에 대한 통제), 공동의 선 지향과 같은 5개의 원칙을 담고 있다.

그러나 내용이 매우 포괄적이다 보니 기업의 책임, 인간의 가치와 권리에 대한 명확한 정의가 없다는 점이 지적된다. 이런 선언적 원칙들은 인공지능 시스템이 지켜야 할 원칙과 개발자 또는 사용자가 지켜야 할 원칙을 구분하지 않는다. 따라서 이를 구현하기 위한 좀 더 명확한 정의와 방법론이 필요하다. 예를 들어 인간의 가치와 일치를 제시하지만 인간의 가치란 무엇이고 어떻게 정해야 하는지는 제시하지 않는다.

2019년 푸에르토리코에서 열린 콘퍼런스에서는 인공지능이 사회에 엄청난 변환을 가져올 것이라는 판단하에 단지 위험을 완화하는 것을 넘어 인류를 위한 최고의 미래를 만들어내는 데 도움이 되도록 범용 인공지능을 어떻게 설계할 것인가를 모색했다.

유럽연합 집행위원회의 가이드라인과 프레임워크

지난 2~3년간 많은 정부, 단체, 연구기관이 발표한 인공지능 윤리와 안전성 등에 대한 원칙 중에는 과거 로봇 윤리와 혼합되기도 했다. 그러나 대부분은 개발자가 준수할 원칙, 인공지능 시스템이 갖추거나 지켜야 할 원칙을 정리하는 수준이며 윤리적 원칙과 우리가 얻을 수 있는 혜택을 생각하는 유익성 또는 안전성을 중심으로 기술됐다. 그 외에 투명성, 데이터와 알고리듬의 공정성, 설명 가능성 등은 독립적인 연구 주제이거나 사회적 이슈로 논의됐다.

이 가운데 가장 체계성을 갖춘 모델은 유럽연합 집행위원회에서 발표한 프레임워크다. 이 프레임워크는 신뢰할 수 있는 인공지능의 기반, 구현, 평가의 세 단계를 제시하고 있다. 추상적인 논의에서 더 명료한 주제로 핵심 사항을 제시한 점이 눈에 띈다.

유럽연합 집행위원회는 인공지능 고급 전문가 그룹High-level expert group on artificial intelligence을 구성한 후 2018년 12월에 인간 중심의 신뢰할 수 있는 인공지능 가이드라인 초안을 만들었고 2019년 4월에 최종안을 발표했다. 신뢰할 수 있는 인공지능은 지금까지 다양한 측면에서 거론된 인공지능 기술에 대한 인간 중심의 접근, 인간 사회 가치 체계와의 합치, 안정성과 공정성, 시스템의 투명성과 설명 가능성 등을 종합적으로 정리한 개념이라고 볼 수 있다.

신뢰할 수 있는 인공지능의 기반은 인간의 기본권에 입각한 윤리 원칙으로서 이를 고수하기 위한 4가지 윤리적 원칙을 제시했다. 곧

유럽연합 집행위원회가 제시한 '신뢰할 수 있는 인공지능을 위한 프레임워크'

신뢰할 수 있는 인공지능

도입	합법적 인공지능	윤리적 인공지능	견고한 인공지능
	(이 문서에서는 다루지 않음)		

도입1 | 신뢰성 있는 인공지능의 기반 ➡ 4가지 윤리적 원칙 ➡ • 인간 자율성에 대한 존중 / • 공정성 • 피해 방지 / • 설명 가능함
기본권에 입각한 윤리적 원칙 고수 / 각 원칙에 대한 인정과 긴장감 해소

도입2 | 신뢰성 있는 인공지능의 구현 ➡ 7가지 주요 요구사항 ➡ • 인적 기관과 감독 / • 기술적 견고성과 안정성 / • 개인정보 보호와 데이터 보안 / • 투명성 / • 다양성, 무차별성, 공정성 / • 사회적, 환경적 복지 / • 회계 책임
핵심 요건 사항 이행 / 다음을 통해 인공지능 시스템의 수명주기 동안 7가지 주요 요구사항에 대한 지속적인 평가와 요구 시행
→ 기술적 방법 / 비기술적 방법

도입3 | 신뢰성 있는 인공지능의 평가 ➡ 신뢰성 있는 인공지능 평가 목록
주의 요구사항 운영 / 특정 인공지능 애플리케이션에 맞도록 적용

인간 자율성에 대한 존중, 피해 방지, 공정성, 설명 가능성이다. 가장 중심 이슈는 어떻게 인공지능이 개인의 삶의 질과 관련된 이슈를 진전하거나 우려를 제기하는지를 확인하는 것이다.

기본권이라는 것은 국제적으로 또는 유럽연합이 명시한 인권법과 조약과 헌장에서 법률로 보장한 권리를 의미한다. 이는 합법적 인공지능이 반드시 지켜야 한다. 인간의 존엄, 자유, 평등, 연대, 시민권리, 정의 등은 인간 중심 접근이라는 측면에서 가장 기본이 되며 인공지능이 갖추어야 할 규정 준수 보호safeguard compliance가 된다. 이런 기본권과 그 밑에 깔린 가치는 좀 더 세밀하게 정의할 필요가 있다. 또한 인공지능 연구개발자들이 무엇을 할 수 있는가보다 무엇을 해야 하는가의 시각으로 접근해야 한다.

유럽연합이 참고하는 윤리 원칙은 '과학과 신기술에서의 윤리에 관한 그룹EGE, Europe Group on Ethics in Science and New Technologies'이 제시한 9가지 기본 원칙이다. 이는 유럽연합의 조약과 헌장에 있는 기본 가치에 기반을 둔 원칙이다. 이 9가지 기본 원칙을 인공지능 시스템과 연관해 분석하고 기본권과 함께 고민함으로써 인공지능 시스템을 신뢰할 수 있는 방식으로 개발하고 채택하고 사용하는 것을 보장할 수 있는 윤리 명령ethical imperatives으로 명시했다. 윤리 명령은 모든 인공지능 실무자가 반드시 지켜야 한다. 윤리 명령의 순서는 유럽연합 헌장에 나오는 기본권의 순서를 반영한 것이다. 유럽연합 집행위원회의 프레임워크에서 제시한 윤리 원칙에는 인간 자율성에 대한 존중, 피해 방지, 공정성, 설명 가능성의 원칙이 주요한 요소로 나온다. 이를 좀 더 설명하면 다음과 같다.

- 인간 자율성에 대한 존중 원칙 – 유럽연합의 기본권은 자유에 대한 존중과 인간의 자율성 보장에 기반을 두고 있다. 인공지능 시스템과 상호작용하는 인간은 자신에 대해 완전하고도 효과적인 자기결정권을 유지해야 하며 민주적 과정에 참여할 수 있어야 한다. 인공지능 시스템은 인간을 부당하게 복속시키고 강제하고 속이고 조작하고 조건화하거나 무리 짓게 해서는 안 된다. 오히려 인간을 보완하고 인간의 인지, 사회, 문화 기술을 강화하도록 디자인돼야 한다.
- 피해 방지 원칙 – 인공지능 시스템은 피해를 입히거나 악화시

켜서는 안 되며 적대적인 영향을 미쳐도 안 된다. 이 원칙은 안전성과 보안성을 포함하며 정보나 힘의 불균형에 따른 악영향과 악의적 사용을 방지함을 뜻한다.

- 공정성의 원칙 – 공정성에는 본질적 차원과 절차적 차원이 있다. 공정성에 대해서는 다양한 해석이 가능하다. 이익과 비용에 대한 동등하고 올바른 분배를 보장하고 불공정한 편견, 차별, 오명으로부터 개인이나 집단의 자유를 보장한다. 나아가 인공지능 시스템의 사용이 인간의 선택의 자유를 속이거나 부당하게 손상해서는 안 된다. 그러기 위해서는 의사결정에 책임지는 개체를 확인할 수 있어야 하고 그 과정을 설명할 수 있어야 한다.
- 설명 가능성의 원칙 – 설명 가능성은 인공지능 시스템에 대한 사용자의 신뢰를 쌓고 유지하는 데 매우 핵심적이다. 인공지능 시스템의 능력과 목적이 공개되고 과정이 투명하며 결과에 대해 직간접적으로 영향을 받는 사람들에게 설명돼야 한다.

이 가이드라인 발표 후 350여 개 기관이 가이드라인에서 제시한 요구사항에 대해 피드백을 보냈다. 이후 유럽연합 집행위원회는 2020년 2월에 다시 인공지능 백서를 발행함으로써 유럽에서 인공지능 연구개발은 탁월성과 신뢰성을 바탕으로 접근해야 함을 강조했다. 또한 유럽의 산업, 기술, 연구의 역량과 결과를 조인트리서치센터Joint Research Centre가 모니터링하게 하고 그 결과는 AI워치AI Watch 포털을 통해서 공유하게 했다.[13]

인공지능 고급 전문가 그룹은 다시 2020년 7월 17일에 인공지능 개발자와 활용자들이 가이드라인을 준수하기 위해 스스로를 평가할 수 있는 평가 리스트 ALTAI를 발간했다.[14] 여기에는 7가지의 주요 요구사항이 들어 있다. 앞에서 설명한 가이드라인의 개념을 반영한 것이다.

- 인간을 통한 감독
- 기술적 견고성과 안전성
- 프라이버시와 데이터 거버넌스
- 투명성
- 다양성과 비차별성 그리고 공정성
- 사회와 환경 복지
- 책무성

ALTAI는 문서뿐만 아니라 웹 기반의 도구 버전을 개발해 사용자들이 수시로 체크할 수 있게 했다.

경제협력개발기구의 인공지능 원칙

2019년 5월에 발표한 경제협력개발기구의 인공지능 원칙은 최초의 국제 수준의 합의가 이루어진 인공지능 권고안이라고 평가된다.[15] 이 원칙은 일반 원칙과 정책 권고 사항으로 구성돼 있다.

일반 원칙은 5가지이다. 첫째는 포용성과 지속가능성 원칙이다. 인공지능은 포용적 성장과 지속가능 개발 그리고 웰빙을 추구해 인류와 지구에 유익해야 한다. 둘째는 인간 가치와 공정성의 원칙이다. 인공지능 시스템은 법률, 인권, 민주적 가치와 다양성을 존중하는 방식으로 디자인돼야 하며 공정하고 올바른 사회를 보장하는 안전 보호 기능을 포함해야 한다. 셋째는 투명성과 설명 가능성 원칙이다. 인공지능 시스템은 사람들이 시스템과 연관될 때와 결과에 대해 의문을 가질 때 사람들이 이해할 수 있도록 투명성과 책임 있는 공개를 지켜야 한다. 넷째는 견고성과 안전성의 원칙이다. 인공지능 시스템은 전 생애주기를 통해 강인하고 보안적이며 안전한 방식으로 동작해야 하며 잠재적 위험을 지속적으로 평가하고 관리해야 한다. 다섯째는 책임성 원칙이다. 인공지능을 개발하고 채택하고 운영하는 조직과 개인 모두, 시스템이 앞서 언급한 원칙에 맞게 적절하게 기능하도록 할 책임을 져야 한다.

정책 권고 사항으로는 연구개발에 대한 투자, 디지털 생태계 조성, 혁신을 위한 유연한 정책 환경, 인적 역량 배양과 일자리 변혁 대응, 국제 협력의 필요를 제시했다.

유럽연합의 인공지능 법 초안과 추가 전략들

유럽연합은 집행위원회를 중심으로 지속적으로 인공지능을 유럽연합 국가의 경쟁력 증진과 함께 유럽 시민의 가치를 보호하기 위해 어떻게 규율을 정할 것인지 논의하고 체계를 만들어왔다. 2018년에 '유럽의 인공지능 전략'을 발표했고[16], 12월에 소속 국가들과 함께 『인공지능에 대한 조정 계획』을 발간했다. 2019년에는 앞에서 소개한 인공지능 고급 전문가 그룹의 조언을 바탕으로 '신뢰할 수 있는 인공지능 가이드라인'을 개발했으며 2020년에는 '신뢰할 수 있는 인공지능 평가 리스트'를 만들었다.

2020년에 집행위원회가 『인공지능 백서』[17]를 발행하면서 유럽 국가의 인공지능에 대한 명확한 비전을 제시했으며 수많은 기관과 단체가 논의에 참여했다. 이 백서는 인공지능의 안전성과 책임성이 갖는 함의, 사물인터넷과 로보틱스에 대해 보고함으로써 현 제품의 안전과 관련한 법안을 만들도록 권장하고 있다. 또한 인공지능 시스템이 안전하고 투명하며 윤리적이어야 하고 편향되지 않고 인간이 제어할 수 있도록 하기 위한 규칙을 얘기하면서 인공지능에 의한 위험을 분류해 적용할 것을 제안했다.

이렇게 계속된 노력의 결실로 나온 것이 2021년 4월 21일에 발표한 인공지능 법 초안이다. 이 초안은 『인공지능 백서』에서 제시한 위험을 용납할 수 없는 위험, 고위험, 제한된 위험, 최소 위험이라는 네 범주로 좀 더 명확히 분류했다.

용납할 수 없는 위험에는 사람들의 안전, 생활, 권리에 명확한 위협이 되는 인공지능 시스템이 해당된다. 또한 사람들의 자유 의지를 방해하면서 행동을 조작하는 시스템도 해당한다. 이런 위험이 확인되면 사용을 금지한다. 예를 들면 미성년자의 위험한 행동을 유발하는 음성 비서를 이용하는 장난감이나 정부가 사람들을 평가하는 '사회적 점수 매기기' 같은 시스템이 있다.

다음 단계인 고위험에 속하는 인공지능 시스템은 다음과 같다.

- 시민의 생명과 건강을 위험하게 만들 수 있는 중요 인프라 (예: 교통)
- 학습이나 전문 과정에 대한 접근을 결정하는 교육이나 직업훈련
- 제품의 안전 관련 부품 (예: 로봇 수술에서의 인공지능 애플리케이션)
- 고용, 노동자 관리, 자영업에 대한 접근 (예: 채용 과정을 위한 이력서 분류 소프트웨어)
- 필수적인 민간 또는 공공서비스 (예: 대출받을 기회를 부정하는 신용 점수 매기기)
- 시민의 기본권을 침해할 수 있는 법 집행 (예: 증거 신뢰도에 대한 평가)
- 이민, 망명, 국경 통제 관리 (예: 여행 문서의 진위 검증)
- 사법 행정과 민주적 절차 (예: 구체적인 사실에 대한 법 적용)

이러한 고위험 인공지능 시스템은 시장에 나오기 전에 다음과 같은 엄격한 의무를 따라야 한다는 것을 명시하고 있다.

- 충분한 위험 평가와 완화 시스템
- 위험과 차별적 결과를 최소화할 수 있는 고품질의 데이터세트
- 결과를 추적할 수 있음을 보장하는 행위 기록
- 시스템에 필요한 모든 정보와 규정 준수를 평가하는 기관의 목적에 필요한 상세한 문서
- 사용자에게 명확하고 충분한 정보 제공
- 위험을 최소화하기 위한 인간의 적절한 제어와 관리
- 높은 수준의 견고성, 보안성, 정확성

특히 원격에서 이루어지는 모든 생체 인식 시스템은 고위험으로 고려해야 하며 엄격한 요구사항을 따라야 한다. 이를 공개적으로 접근할 수 있는 장소에서 법 집행을 위해 바로 실행하는 것은 원칙적으로 금지해야 한다고 말한다.

제한된 위험에 속하는 인공지능 시스템은 특정한 투명성 의무를 진다. 사람들이 챗봇과 같은 인공지능 시스템을 사용할 때는 기계와 상호작용을 하고 있다는 정보를 제공함으로써 계속할지 아니면 그만둘지를 결정할 수 있게 해야 한다. 최소 위험에 속하는 시스템은 인공지능을 이용하는 비디오 게임이나 스팸 필터 등이다. 이미 이 범주의 시스템은 널리 사용하고 있기 때문에 이번 법안 초안에는 포함하고 있지 않다.

집행위원회는 총괄 거버넌스를 위해 '유럽 인공지능위원회'를 창설할 것을 제안했다. 새로운 법을 감독하고 시장을 감시함으로써 인

공지능에 대한 표준 개발과 구현을 촉진하고자 한 것이다. 그리고 책임 있는 혁신을 위해 규제 샌드박스와 함께 고위험이 아닌 인공지능 시스템을 개발할 때는 자발적으로 제안한 기준을 따르도록 했다. 유럽연합의 108페이지에 달하는 법 초안은 아직 미국이나 다른 나라가 명확한 법을 갖고 있지 않다는 점에서 매우 중요한 참고 자료가 될 것으로 생각한다. 특히 인공지능에서 '신뢰성'을 있으면 좋은 것이 아니라 반드시 갖추어야 할 조건으로 설정한 것이 큰 의미가 있다.

그런데 왜 유럽연합은 그렇게 빨리 관련 법안을 추진하는 것일까? 그건 인공지능 기술 개발에서 미국이나 중국을 넘어서겠다는 것보다는 법률과 제도적 장치를 통해 세계 인공지능 기술 개발과 시장에서 영향력을 키우겠다는 의지를 보이고자 함이다. 이런 의지는 유럽 시장에 영향력을 행사하는 모든 기업이 일반개인정보보호법GDPR을 준수하게 하는 데 성공한 경험이 그 바탕이 됐다고 평가한다.

그 외 기관들이 만든 원칙 또는 선언문

2018년 3월 캐나다 몬트리올에서 개최된 G7 혁신 관련 장관 회의는 그동안 경제협력개발기구에 의해 조직되고 진행된 여러 선언에 대한 재확인과 지지 선언을 포함한다. 특히 기술과 사회, 혁신, 인재 양성 등에 대한 인간 중심의 실행 계획 등을 거론했다.

이 회의는 2016년 G7 ICT 장관 회의, 2017년 이탈리아의 ICT와 산업 장관 회의를 잇고 있다. 2018년에 새롭게 등장한 어젠다는 인간 중심 인공지능에 대한 공통 비전을 어떻게 만들어갈 것인가 하는 점이었다. 인공지능 혁신을 통한 경제 성장 지원, 인공지능에 대한 신뢰와 다양한 영역에서의 활용 증가, 인공지능 개발과 응용에서의 포용성 촉진과 같은 서로 연결된 이슈를 집중 조명했다.[19]

인공지능과 같은 새로운 기술에 의한 공정과 차별의 문제는 미국 연방거래위원회FTC가 관여해야 하는 영역이라고 볼 수 있다. 연방거래위원회는 자동화한 의사결정에 관심을 보이며 이미 세 개의 법률이 인공지능 개발자와 사용자에게 적용할 수 있는 기본법임을 제시하고 있다.[20] 연방거래위원회법FTCA 제5조는 불공정하거나 기만적인 행위를 금지하고 있다. 이는 인종으로 차별하는 알고리듬의 판매나 사용을 포함한다. 알고리듬이 어떤 상황에서 고용, 주택, 신용, 보험, 기타 혜택에서 사람을 거부하는 문제에 대해서는 공정신용보고법FCRA을 적용할 수 있다. 신용기회균등법ECOA은 인종, 피부색, 종교, 국적, 성, 결혼 여부, 나이, 공공 지원 수급의 이유 등으로 신용에서 차별적 결과를 보이는 알고리듬 사용을 불법으로 판단할 수 있다.

이런 시각을 바탕으로 2016년에 보고서 「빅데이터 분석과 머신러닝」을 발행했다. 2018년 11월에는 알고리듬, 인공지능, 예측 분석에 대한 청문회를 개최했고 2020년 4월에는 인공지능과 알고리듬에 대한 비즈니스 안내서를 발간했다. 이와 같이 연방거래위원회는 법 집행 활동, 연구, 안내서를 통해서 인공지능 도구 사용은 투명성, 설명 가능성, 공정성, 실질적 유효성을 가져야 하며 동시에 책무성을 발전시켜야 한다는 것을 강조하고 있다.

MIT의 인터넷정책연구 이니셔티브PRI는 인터넷과 같은 상호 연결된 디지털 시스템의 신뢰성과 효과성을 개선하기 위해 정책 입안자, 기술자들과 협업을 하고 있다. MIT의 인터넷정책연구 이니셔티브의 인공지능 정책 분야 논의에서는 인공지능 시스템의 신뢰성을 높이는 것은 설명 가능성과 책임성을 보장하는 것이라고 정의하고 있다.

MIT의 인터넷정책연구 이니셔티브가 작성한 경제협력개발기구의 「사회 속의 인공지능」 보고서는 머신러닝을 개선하는 방향을 크게 설명 가능성, 안전성, 신뢰성으로 보고 있다. 설명 가능성에는 투명성, 책무성, 공정성과 편향 등을 분류했다. 안전성과 신뢰성에는 취약점에 대한 공격의 방식과 이에 대한 검증을 분류했다. 그러나 이 분류는 정책 문제를 중심으로 생각했기 때문에, 신뢰성을 전체적으로 살펴보는 체계로는 혼동되거나 명확하지 않은 측면이 있다.

오픈소스 개발 등으로 유명한 모질라 재단Mozilla Foundation은 지속적으로 인공지능이 인류를 풍요롭게 만들어야 한다는 아이디어를 추구했다. 2019년부터 건강한 디지털 환경을 조성하기 위해 소비자 기술 영역 범위에서 신뢰할 수 있는 인공지능을 만드는 노력에 집중하기로 했다.[21]

모질라 재단은 모질라 커뮤니티와 외부 전문가와 대화를 하며 단기적인 목표만이 아니라 장기적 결과와 영향에 대해 합의하고 있다. 인공지능 시스템의 디자인에서부터 프라이버시, 투명성, 복지를 중요하게 고려해야 하며, 기업은 인공지능 시스템이 차별적인 결정을 하고 데이터를 남용하고 인간에게 해를 끼칠 때 좀 더 책임을 져야 한다는 점을 강조한다.

포드 재단과 맥아더 재단의 지원으로 설립된 AI나우연구소AI Now Institute는 뉴욕대학교에 속해 있으며 케이트 크로퍼드Kate Crawford 교수와 메레디스 휘트테이커Meredith Whittaker 교수가 공동 설립자로 활동하고 있다. 이 연구소는 현재까지 여러 개의 보고서를 발행했으며 인공지능의 개발과 사용과 관련해 국제 토론을 이끌고 있다. 주요 연구 주제는 크게 권리와 자유, 노동과 자동화, 편향과 포용, 안전과 중요 인프라이다.

권리와 자유 연구 분야는 미국시민자유연합ACLU과 같은 다양한 이해관계자와 협력해 인공지능의 결정과 예측이 사법적 결정, 법 집행, 주택 문제, 고용, 교육 등에 미치는 영향을 분석한다. 노동과 자동화 연구 분야에서는 사회과학자, 경제학자, 노동 조직 관련자 등과 협력해 인공지능이 고용의 성격이나 근로 기준에 미치는 영향, 빠른 변화에서 얻는 혜택과 필요한 비용을 누가 감당해야 하는지 등을 연구한다. 편향과 포용 연구 분야는 데이터의 편향 문제와 함께 왜곡되고 부정확하며 불공정한 결과를 유도하는 다른 요소들을 분석한다. 이는 기본적으로 공정성 문제로서 인공지능 기술이 다양한 사람들에게 다르게 영향을 끼치는 문제를 연구한다. 안전과 중요 인프라 연구 분야에서는 사회의 핵심 인프라, 즉 병원이나 전력망 등에 활용되지만 오류에 의한 위험과 맹점이 증가하고 있는 문제에 접근한다. 안전하고 신뢰할 수 있는 인공지능의 통합 가능성을 이해하는 것이 주목적이다.

AI나우연구소는 2019년 10월에 인공지능 사용의 해로운 측면을 주제로 하는 심포지엄을 개최했다. 여기에서 2018년 10월부터 2019년 10월까지 해로운 인공지능에 대한 사회적 반발과 이와 관련한 사건들을 5가지의 주제로 정리해 각각 도표로 제시했다.[22]

1. 얼굴과 감정 인식
2. 인공지능 편향에서 정의로의 움직임
3. 도시, 감시, 국경
4. 노동, 노동자 조직, 그리고 인공지능
5. 인공지능이 기후변화에 미치는 영향

인공지능의 신뢰성 문제를 확장해 인공지능이 노동 문제나 기후변화에 미치는 영향까지 언급하는 거시적 관점을 담고 있다.

미국 국립과학재단NSF은 2019년 초에 '국가 인공지능 연구개발 전략 플랜'에 대한 2019년 업데이트를 발표했는데[23] 앞으로 투자할 10대 빅아이디어에서 인공지능의 발전을 핵심으로 꼽았다. 그리고 연구 지원 우선순위에 신뢰할 수 있는 인공지능을 선정했다. 이제 신뢰할 수 있는 인공지능 연구가 국가 인공지능 연구개발의 핵심 영역으로 자리잡았다고 볼 수 있다.

2019년 미국 정부가 발표한 '국가 인공지능 전략 플랜'에서는 강인하고 신뢰할 수 있는 인공지능 시스템 개발을 네 번째 전략으로 선정했다. 이에 대해 2016년 '국가 인공지능 연구개발 전략 플랜' 이후 인공지능의 보안성과 안전성에 대한 과학계와 일반 사회의 이해가 빠르게 증가했다고 평가한다. 이런 변화는 인공지능 시스템이 잘못된 일을 하거나 오류가 생길 수 있다는 여러 증거가 나타났기 때문이다. 적대적 데이터, 데이터 감염, 모델 전도 등에 의해 이런 문제점이 발생할 수 있음을 확인했다. 미국 정부는 인공지능의 안전성과 보안 문제에 대한 기술적 솔루션은 아직 충분하지 않다고 판단하고 있다.

신뢰할 수 있는 인공지능과 관련된 '국가 인공지능 전략 플랜' 중 하나는 인공지능이 가진 윤리적, 법적, 사회적 함의를 이해하고 접근한다는 것이다. 이 역시 인공지능 시스템을 신뢰할 수 있어야 한다는 현실 인식에서 비롯된 것으로 인공지능이 고용, 헬스케어, 제조 등 사회와 경제생활의 다양한 부문을 변화시킬 것이기 때문이다.

앞에서 얘기했듯 2020년 2월에 바티칸에서 IBM, 마이크로소프트, 교황청 생명학술원, 이탈리아 정부가 인공지능 윤리를 위한 요청인 '로마 콜'을 발표했다. 이 선언은 서문, 윤리, 교육, 권리 4개 부문으로 이루어졌다. 서문에서 인공지능 발전은 기술이 아니라 사람에 초점을 두고 이루어져야 하며 신기술은 모든 인간 가족에 봉사한다는 원칙 아래에 연구하고 상용화해야 한다고 강조했다. 윤리 부문에서는 모든 인간의 존엄과 권리, 자유와 평등을 다루었다. 인공지능 시스템을 만들 때 이런 정신을 보호하고 보장해야 하며, 인간과 인간이 살고 있는 환경에 봉사하고 인간을 보호하기 위해 고안, 설계, 구현돼야 한다는 점을 강조했다. 특히 얼굴 인식과 같은 기술이 인권에 미칠 영향에 대해 우려하면서 윤리 원칙에 대한 투명성과 윤리 준수를 촉진하기 위한 새로운 규제를 권장하고 있다.

로마 콜이 제시하는 6원칙은 투명성, 포용성, 책임성, 불편부당성, 신뢰성, 보안성과 프라이버시이다. 이제 인공지능이 인류 사회에 미치는 영향에 대해 교황까지 나서는 단계에 와 있다. 이것은 우리가 생각하는 것보다 인공지능이 사회와 인간에게 미치는 영향이 앞으로 더욱 지대해질 것이라는 점에 모두 동의한다는 것을 보여준다.

국내의 접근

2019년 한국지능정보사회진흥원(NIA, 당시 한국정보화진흥원)은 경제협력개발기구 인공지능 권고안에서 말한 국가 정책 발굴 가이드라인에 따라 공공 분야에 미칠 인공지능 영향을 예측하고 국내 인공지능 정책 방향을 구체화하기 위해 전문가 심층 인터뷰를 진행했다. 이를 통해 우리나라 수준에 맞는 구체적인 세부 정책 방향을 도출한 보고서를 발표했다.[24] 필자도 이 보고서 작성 과정에서 전문가 인터뷰에 참여했다.

한국지능정보사회진흥원이 경제협력개발기구 권고안을 기준으로 만든 보고서에는 국내 상황을 평가한 결과, 국내 정책이 경제협력개발기구 권고안과 비교해 인공지능 디지털 생태계 육성과 신뢰할 수 있는 인공지능을 위한 국제 협력 부분이 미흡하므로 구체적이고 명확한 정책 보완이 필요하다고 판단했다. 이러한 평가를 바탕으로 5가지 정책 보완 방향을 도출했다.

1. 인공지능으로 인한 사회적 영향 분석
2. 신뢰 가능한 인공지능 생태계 지도 연구와 산업별 적용
3. 인공지능 시스템 구축을 위한 신뢰 가능 기준 마련과 신속한 적용
4. 신뢰 가능한 인공지능과 관련한 국제 논의 참여 촉진
5. 신뢰 가능한 인공지능 평가지표 개발과 사용 장려

이 보고서는 경제협력개발기구 권고안을 바탕으로 국내 정책을 평가 분석하고 신뢰할 수 있는 인공지능 개발을 위한 정책 방안을 처음으로 제시했다는 의미가 있다. 그러나 유럽연합 집행위원회나 기타 다른 기관의 프레임워크처럼 좀 더 구성을 체계화하고 신뢰성의 구성 요소를 우리 환경에 맞게 파악할 필요가 있다.

그 후 2020년 12월 과학기술정보통신부는 '사람 중심의 인공지능'을 내걸고 최고 가치인 '인간성'을 위한 3대 기본 원칙과 10대 핵심 요건으로 이루어진 인공지능 윤리 기준을 발표했다.[25] 3대 기본 원칙으로는 인공지능의 개발과 활용 과정에서 인간의 존엄성, 사회의 공공선, 기술의 합목적성을 제시했다. 10대 핵심 요건으로는 인권 보장, 프라이버시 보호, 다양성 존중, 침해 금지, 공공성, 연대성,

데이터 관리, 책임성, 안전성, 투명성을 설정했다. 그러나 이 기준안은 '구속력 있는 법이나 지침이 아니라 도덕적 규범이자 자율 규범으로, 기업 자율성을 존중하고 인공지능 기술 발전을 장려하며 기술과 사회 변화에 유연하게 대처할 수 있는 윤리 담론'이라고 스스로 적용 한계를 부여함으로써 유럽연합과 같은 인공지능 법률로 나아가기에는 아직 해야 할 일이 많다.

앞서 살펴본 해외의 가이드라인이나 프레임워크는 좀 더 실질적 이슈나 제도화로 가는 구체적인 실행 계획을 추구했다. 반면 우리 정부의 윤리 기준은 좀 더 철학적이고 선언적인 표현으로 이루어져 있다. 과학기술정보통신부는 이 기준안을 '사회경제와 기술 변화에 따라 새롭게 제기되는 인공지능 윤리 이슈를 논의하고 구체적으로 발전시킬 수 있는 플랫폼'이 되게 하겠다고 했다. 하지만 그 이후 후속 모임이나 연구가 진행되고 있다는 움직임은 나타나고 있지 않다.

3
주요 테크 기업은 신뢰성에 어떻게 대응하는가

구글의 책임감 있는 인공지능 정책

2014년 딥마인드 창업자 데미스 하사비스Demis Hassabis는 구글에 인수되는 조건으로 인공지능의 악용을 막기 위한 윤리위원회를 구성하고 실행할 것을 요청했다. 구글은 비공개로 윤리위원회를 구성했고 2019년에는 인공지능과 자동화 기술에 대한 윤리 이슈를 다룰 8인으로 이루어진 글로벌 자문위원회를 구성했다. 그러나 2주일도 안 돼 해산했다. 위원 중 한 명이 자격에 대한 강한 반대 여론에 밀려 사퇴하면서 일어났다. 이런 위원회를 공개적으로 구성하고 운영하기가 생각보다 쉽지 않다는 것을 알 수 있다.[26]

구글은 2018년 7월에 인공지능 원칙을 발표하면서 인공지능 기술을 무기나 인권 침해에 사용하지 않겠다고 발표했다. 그리고 인공지능 응용의 7가지 목적과 인공지능 응용에서 추구하지 않을 4가지 기준을 제시했다. 7가지 목적은 사회적으로 유익해야 하고, 불공정한 편견을 방지하고, 안전하게 만들고 테스트할 것이며, 사람들에 대한 책임을 지고, 프라이버시 디자인 원칙을 준수하고, 높은 수준의 과학적 우수성을 유지하며, 이러한 원칙에 부합한 용도로 사용할 수 있도록 하겠다는 것이다.

인공지능 응용에서 추구하지 않을 4가지 기준은 다음과 같다.

1. 얻을 수 있는 이득이 위험 요소를 뛰어넘는다고 믿을 때만 개발을 진행하며 적절한 안전 제약조건을 포함하도록 한다.
2. 무기에 사용하거나 사람들을 직간접으로 부상을 입히는 것이 주된 목적이 되는 기술은 배제한다.
3. 국제적으로 용인할 수 있는 수준을 벗어나는 개인정보 수집이나 감시에 관련된 기술은 추구하지 않는다.
4. 널리 통용되는 국제 법이나 인권 원칙을 위반하는 용도의 기술은 개발하지 않는다..

이를 구체적으로 실현하기 위해 '책임감 있는 인공지능 Responsible AI' 실천 방안을 다음과 같이 마련했다.

- 인간 중심의 디자인 접근법을 취한다.

- 학습과 모니터링을 평가하기 위해 다양한 지표를 확인한다.
- 가능하다면 원천 데이터를 직접 검사한다.
- 데이터세트와 모델의 한계를 파악한다.
- 검사하고, 검사하고, 검사한다.
- 배포 이후에는 시스템 모니터링과 업데이트를 지속한다.

나아가 구글의 CEO 순다르 피차이 Sundar Pichai 는 『파이낸셜 타임스』에 기고한 글에서 인공지능에 대한 규율이 필요함을 강조했는데 다만 의미 있는 접근을 통해서 해야 한다고 주장했다.[27] 특히 자율주행 자동차와 헬스테크는 그에 맞는 규칙이 필요하다고 지적했다. 결국 자기 규율, 행동 강령, 윤리위원회로는 부족하며 사회가 동의할 수 있는 규율을 법적으로 만들어내는 것이 기업이 원칙을 지키고 문제를 최소화하는 데 도움이 될 수 있음을 밝힌 것이다.

하지만 최근 구글이 내부 윤리학자인 팀닛 게브루 Timnit Gebru 박사를 해고하는 과정[28]을 보면 과연 진정으로 윤리 원칙을 지킬 것인지, 잠재적인 문제 제거를 위해 최선을 다할 것인지에 대한 우려가 커지고 있다. 게브루는 구글의 인공지능 윤리 팀을 이끌고 있었으나 2020년 12월에 해임됐다.[29] 사유는 그의 논문이 구글이 정한 논문 발표 원칙을 지키지 않았고 내용이 정확하지 않았음에도 공개했다는 것이다. 게브루는 현재 많은 연구가 이루어지는 자연어 처리의 대형 모델이 근본적으로 편견을 갖고 있고 환경 비용이 지나치게 많이 든다는 점을 지적했다.[30] 구글은 자사의 버트 BERT 모델을 자랑하고 검색 엔진에까지 활용하고 있었기에 매우 난감한 상황이 벌어진 것이다.

구글의 인공지능 부문을 이끄는 제프 딘Jeff Dean은 게브루 박사의 논문이 회사에서 제시하는 출판 기준을 어겼다면서 해임 조치를 받아들인다는 이메일을 직원들에게 발송했다. 그러나 이는 매우 심각한 후폭풍을 불러왔다. 게브루와 인공지능 윤리 팀을 같이 이끌던 마거릿 미첼Margaret Mitchell 역시 해임됐다. 논문의 공동 저자는 다시는 구글에 연구비를 신청하지 않겠다고 선언했다. 그 후 여러 엔지니어와 스태프들이 이에 항의하며 회사를 떠났다. 외부 연구원들 중 일부는 구글이 개최한 연구 워크숍 참석을 거부했다.

이 사건은 회사가 신뢰할 수 있는 인공지능에 대한 책임을 얘기하지만 실제 자사의 기술이 이를 얼마나 준수하는지에 대한 내부 비판에는 매우 민감하게 반응하며 그만큼 사회도 심각하게 바라보고 있음을 깨닫게 한다. 그리고 인공지능의 편견과 투명성을 공개적으로 강조할지라도 실제 회사 내에서 벌어지는 인종차별과 성차별, 내부 갈등에 대한 투명성을 지키기는 매우 쉽지 않다는 점을 알 수 있다.

마이크로소프트의 인공지능 원칙

마이크로소프트 역시 '책임감 있는 인공지능'을 선언하면서 두 개의 기구를 통해서 실천하고자 한다. 하나는 '책임 있는 인공지능 사무국ORA'으로 회사 전반의 팀들과 협력하면서 책임감 있는 인공지능과 관련한 규칙과 거버넌스 절차를 결정하는 역할을 한다. 다른 하나는 2017년에 설립한 이서 위원회Aether Committee이다. '엔지니어링과 연구에서의 인공지능, 윤리, 효과AI, Ethics, and Effects in Engineering and Research'를 뜻하는 이서 위원회는 인공지능의 혁신에 따른 도전과 기회에 대해 회사의 경영진에게 조언하고 있다.

마이크로소프트가 책임감 있는 인공지능 원칙에서 다루고자 하는 핵심 주제는 6가지로 다음과 같다.

1. 공정성 – 인공지능 시스템은 모든 사람을 공정하게 대우해야 한다.
2. 포용성 – 모든 사람이 인공지능 시스템에 대해 권한을 갖고 참여할 수 있어야 한다.
3. 신뢰성과 안전 – 인공지능 시스템은 신뢰할 수 있고 안전하게 과업을 수행해야 한다.
4. 프라이버시와 보안 – 프라이버시를 존중하고 보호해야 한다.
5. 투명성 – 사람들이 인공지능 시스템을 파악할 수 있어야 한다.
6. 책임성 – 사람들이 인공지능 시스템에 대해 책임을 져야 한다.

이를 위해서 다양한 견해를 포용하고 지속적인 학습을 하며 인공지능 기술이 진화함에 따라 기민하게 대응하는 것을 기본 접근 원칙으로 삼고 있다. 또한 다른 기관을 도와서 신뢰할 수 있는 인공지능 문화를 조성하고, 이 원칙이 구현되고 거버넌스로 자리잡도록 사례와 도구, 학제적 연구를 통한 기술과 공유 학습, 혁신을 제공한다고 제시했다.

마이크로소프트는 고객이 이에 부합하는 전략을 수립하도록 인공지능 비즈니스 스쿨을 만들고 각 분야 가이드라인을 제시하고 있다. 예를 들어 인간-인공지능 상호작용, 대화형 인공지능, 포용적 디자인을 위한 가이드라인과 인공지능 공정성 체크리스트, 데이터세트 견본을 위한 데이터시트, 인공지능 보안 엔지니어링 안내 등의 자료를 제공하고 있다.

마이크로소프트는 책임감 있는 인공지능을 위한 도구를 다양하게 개발해서 소개함은 물론이고 클라우드의 서비스 레벨로도 제공하고 있다. 인공지능의 결과를 좀 더 이해할 수 있도록 설명 가능한 인공지능 영역에서는 오류율이 높은 코호트를 분석하기 위한 도구, 해석 가능한 머신러닝 모델을 위한 인터프리트ML, 공정성을 평가하고 부정적 영향을 완화하도록 개발자를 돕는 페어런Fairlearn 등을 공개하고 있다.

데이터에서 프라이버시와 비밀을 보장하기 위한 도구로는 데이터 보안을 제공하는 애저 기밀 컴퓨팅, 차등적 프라이버시 보호를 위한 스마트노이즈SmartNoise, 실SEAL 준동형 암호화 기술, 데이터 보호와 텍스트와 이미지의 익명화를 위한 오픈소스 라이브러리인 프레시디오Presidio 등을 제공한다.

인공지능 개발 사이클 전체에 대한 거버넌스와 제어 역시 필요하다. 이를 위해 애저 머신러닝 라이프 사이클에 대한 감시 추적과 관리 기능을 제공하는데 머신러닝 모델에 대한 모니터링과 확인과 거버넌스를 지원하는 것이다. 모델 버전 이력이나 감사 가능성을 위한 계보 추적, 규율에서 요구하는 사항에 대한 준수, 머신러닝 자산에 대한 제어 등이 이에 해당한다.

IBM의 신뢰할 수 있는 인공지능

IBM 역시 인공지능을 성능 중심으로 구현하는 것은 인공지능 디자인 패러다임으로 충분하지 않음을 지적한다. IBM연구소의 인공지능 팀은 신뢰를 위한 구축, 평가, 모니터링을 할 수 있는 방법을 익혀야 하며 이를 위한 다양한 접근법을 개발하고 있다고 말한다. 여기에는 공정성, 견고성, 투명성과 책무성, 가치 정합value alignment, 설명 가능성, 프라이버시 등에 대한 접근과 인공지능 애플리케이션의 생애주기를 통해 이들을 어떻게 통합할 것인가를 포함하고 있다.[31]

특히 인공지능 기술이 발전하면서 인간과 인공지능 시스템이 협력적으로 일하는 방식이 늘어남에 따라 인공지능 시스템의 결정 결과를 신뢰할 수 있어야 함에 주목하고 있다. 그러기 위해서는 단지 정책 고려와 비즈니스 노력만이 아니라 과학적 접근이 중심 역할을 해야 한다는 것이 IBM의 입장이다.

IBM 역시 신뢰할 수 있는 인공지능을 위한 다양한 소프트웨어 도구를 개발하고 공개했다. 대표적인 것이 공정성을 위한 '인공지능

공정성 360 툴킷AI Fiarness 360 Toolkit', '인공지능 설명 가능성 360 툴킷AI Explainability 360', '적대적 공격에 견고한 360 툴박스Adversarial Robustness 360 Toolbox', 그리고 인공지능 모델이 신뢰와 투명성을 갖고 동작하는지를 모니터링하고 관리하는 '왓슨 오픈 스케일Watson OpenScale'이 있다. 이들에 대해서는 다음 장에서 소개하기로 한다.

또한 IBM연구소가 수행하는 '인공지능 팩트시트 360AI FactSheets 360 프로젝트'는 투명성과 거버넌스를 향상해 인공지능의 신뢰성을 높이기 위한 프로젝트다. 여기서 말하는 투명성은 소비자들에게 정보를 제공해 인공지능 모델이나 서비스가 어떻게 만들어졌는지를 더 잘 이해하도록 하는 것을 말한다. 그럼으로써 고객이 검토하는 모델이 자신의 상황에 적절한 것인가를 결정할 수 있도록 한다. 인공지능 거버넌스는 기업이 어떤 인공지능 모델과 서비스를 구축하고 채택해야 하는가를 기술하는 명세와 성책을 만들게 한나. 이를 동해 승인받지 않은 데이터세트로 학습한 모델, 편견이 있는 모델, 예측 못한 성능 변화를 가진 모델을 사용하지 않게 막아준다.

IBM은 또한 2020년 6월에 노트르담대학교와 협력을 구축해 인공지능뿐만 아니라 양자컴퓨팅까지 포함한 첨단기술의 사용으로 생길 수 있는 윤리적 문제를 공동으로 연구하기로 했다.[32] 10년 동안 2,000만 달러를 지원해 노트르담-IBM테크윤리랩을 설립했는데, 기존의 기술윤리센터ND-TEC와는 독립적으로 운영할 것이라고 한다. 기술 영역, 기업, 정부에서 기술 활용이 가져올 윤리 이슈를 연구하고 모델을 만들기로 했다.

IBM이 밝힌 또 하나의 원칙은 신뢰성과 투명성이다. 그 기준은 3가지이다.

- 인공지능의 목적은 인간 지능을 강화하는 것이다.
- 인공지능 데이터와 인사이트는 만든 사람에게 귀속된다.
- 인공지능 시스템을 포함한 새로운 기술은 투명하고 설명 가능해야 한다.

특히 데이터와 인사이트에 대한 기준에서 소유는 IBM이 아니라 고객이 갖는다는 점과 데이터 프라이버시 보호와 데이터 보안을 강조하고 있다. 나아가 고객의 데이터를 정부의 어떤 감시 프로그램에도 제공하지 않겠다고 선언하면서 21세기 커머스에서는 데이터가 국경을 넘어 자유롭게 움직여야 한다는 것도 함께 천명했다. 유럽이 강조하는 데이터 보호 정책에 대한 자사의 입장을 밝힌 것으로 보인다.

페이스북의 책임감 있는 인공지능

페이스북은 인공지능 기술을 자사의 소셜 네트워크와 메신저 서비스에 사용하고 있어 어느 기업보다 공정성이나 윤리 이슈에 민감하다. 얼굴 인식 후 자동 태깅 오류와 권한 문제, 가짜 뉴스의 확산, 허위 광고 등의 문제들이 지속적으로 등장하고 있다. 페이스북과 같이 인공지능 기술을 적극적으로 활용하려는 기업은 이런 문제를 최소화하기 위해 책임감과 신뢰성 면에서 매우 긴밀한 대응이 필요하다.

페이스북의 인공지능연구소FAIR에서 제시하는 인공지능 핵심 원칙은 개발, 협업, 우월성, 스케일이다. 그러나 이는 자신들의 연구 방식의 원칙이지 기술이나 서비스 결과에 적용하고자 하는 가치는 아니다. 페이스북은 2018년에 인공지능 소프트웨어의 편향을 방지하기 위한 특별윤리팀을 구성했다. 이는 케임브리지 애널리티카Cambridge Analytica 스캔들이 알려진 후 마크 저커버그 최고경영자와 마이크 슈레퍼Mike Schroepfer 최고기술책임자 등 주요 임원이 호아킨 칸델라Joaquin Candela에게 '사회와 인공지능 랩SAIL'을 만들게 한 것이다. 같은 해 페이스북의 개발자 콘퍼런스인 F8 콘퍼런스에서 이 내용을 발표하고 인공지능 소프트웨어가 의사결정을 윤리석으로 내리는 것을 보장할 수 있는 특별한 소프트웨어를 개발하겠다고 했다.[33]

2020년에는 특별윤리 팀과 데이터 프라이버시와 관련한 이슈를 연구하는 팀을 합쳐 '책임감 있는 인공지능 연구팀'을 만들었다. 이 팀의 기술 책임자인 호아킨 칸델라가 최근 인터뷰한 내용에 따르면, 공정성에 대해 3가지 방향으로 접근하고 있다고 한다.[34] 우선 시스템이 모든 그룹에 대해 최소 수준의 성능을 얻어야 한다는 것이다. 예를 들어 어떤 인종이 5% 이상 잘못 분류되면 안 된다. 두 번째는 평등의 문제인데 알고리듬의 성능이 그룹에 따라 큰 차이를 보이면 안 된다. 마지막으로 그룹에 대한 결과 차이를 최소화해야 한다.

호아킨은 공정성 이슈의 핵심은 주어진 상황에서 어떤 공정성 표준을 적용할 것이고 이를 누가 정할 것인가 하는 점이라고 강조한다. 우리가 도덕적 논쟁 모두를 해결하지 못할 것이기 때문에 특정한 상황에서 어떤 결정을 내려 공정성을 정할 것인가에 대한 프로세스를 만드는 데 집중해야 한다고 주장한다. 그래서 그의 팀의 만트라Mantra는 '공정함은 프로세스다.'라고 한다. 또한 데이터 과학자들이나 인공지능 연구자들이 이런 문제를 모두 처리하기 어려울 뿐더러 윤리와 철학에도 숙달할 수 없다. 그래서 페이스북의 '책임감 있는 인공지능 이니셔티브'는 '허브 앤드 스포크Hub and Spoke' 모델을 택했다. 이는 핵심 팀이 공개적이며 투명한 방식으로 윤리적 표준을 세우는 것을 책임지고, 그 표준에 대한 수학적 정의는 데이터 과학자로 이루어진 다른 특별팀에서 만드는 것이다.

페이스북의 고민은 인공지능이 서로 다른 상황이나 그룹에 따라 성과가 다르다는 점이다. 전반적으로 모두에게 잘 작동하더라도 어떤 그룹에는 심각한 문제가 나타나는 경우가 있다. 따라서 하위 그룹에서 발생하는 공정성이나 시스템 지표에 대해 계속 질문하는 것이 책임감 있는 인공지능 연구팀에게는 중요한 업무가 된다.

페이스북은 몇 년 전부터 '페어니스 플로Fairness Flow'라는 진단 도구를 만들어 활용하고 있다. 페어니스 플로는 스탠퍼드대학교의 소셜미디어책임성연구소, 브루킹스연구소, 마켓플레이스 신뢰를 위한 더 나은 비즈니스 연구소와 협력하고 조언을 받아서 2018년에 처음 런칭한 도구다. 페어니스 플로는 어떤 모델이나 레이블이 서로 다른 그룹에서 다른 성과를 보이는지를 분석한다. 이 도구를 통해서 발견한 공정성 문제를 해결하려면 윤리학자와 이해관계자가 논의해야 하고 공정성을 적용할 상황 문맥에 관한 연구가 필요하다. 그렇긴 해도 페어니스 플로는 서로 다른 사용자 그룹에 따라 자기가 개발하는 제품이나 시스템이 어떻게 성과를 보이는지를 이해하는 것을 도와 그에 따른 대응을 할 수 있도록 돕는다. 이 내용은 2장에서 자세히 검토하고자 한다.

이 밖에도 페이스북은 외부의 독립적인 기관을 지원한다고 발표했다. 뮌헨공과대학교와 함께 인공지능윤리연구소IEAI를 설립하기 위해 750만 달러를 5년간 지원한다는 계획이다.[36] 이 연구소는 그동안 알고리즘 감사, 인공지능 거버넌스 연구를 했으며 글로벌 인공지능 윤리 컨소시엄과 책임감 있는 인공지능 네트워크를 구성해왔다.

국내 기업의 경우: 카카오, 네이버, 삼성전자

카카오는 국내 기업으로는 처음으로 2018년 1월에 인공지능 기술 개발과 윤리에 관한 규범을 담은 '알고리즘 윤리헌장'을 발표했다.[36] 2019년 8월엔 '기술의 포용성' 조항을 삽입했고 2020년 7월엔 '아동과 청소년에 대한 보호' 조항을 삽입하면서 내용을 강화했다. 이 헌장에는 인류의 편익과 행복 추구, 사회적 차별 금지, 데이터에 대한 사회 윤리 준수, 알고리즘의 독립성, 알고리즘의 설명을 통한 투명성, 기술의 포용성, 아동과 청소년에 대한 보호 등이 담겨 있다. 챗봇 이루다 이슈로 인공지능 윤리 문제가 사회적 관심을 받으면서 전 직원을 대상으로 인공지능 알고리즘 윤리 교육을 온라인 사내 교육을 통해서 실행하기로 했다. 교육 내용을 보면 카카오의 디지털 책임 구현 사례를 소개하고 카카오 인권경영 선언문과 '알고리즘 윤리헌장'의 각 조항을 하나씩 학습할 수 있도록 했다.

네이버는 2021년 2월에 'AI 윤리 준칙'을 발표했다.[37] 서울대학교 인공지능정책 이니셔티브SAPI와 2018년부터 협업해 인공지능에 대한 사회적 요구와 네이버의 기업 철학을 통합했다고 한다. 이 준칙은 '사람을 위한 인공지능 개발' '다양성의 존중' '합리적인 설명과 편리성의 조화' '안전을 고려한 서비스 설계' '프라이버시 보호와 정보 보안' 5개의 조항으로 구성돼 있다. 이 준칙이 구호에 그치지 않도록 단계적인 실험을 통한 실천 방안과 사내 커뮤니케이션 채널을 이용해 프로젝트 진행과 서비스 개발 시에 사안을 중심으로 문의하고 논의할 수 있도록 할 예정이다. 아울러 SAPI와 협력해 사례 중심의 이슈 페이퍼와 커뮤니케이션 채널의 운영 경과를 담은 진행 경과 보고서도 발간하기로 했다.

같은 해 7월에는 독일의 튀빙겐대학교와 '안전하고 신뢰할 수 있는 인공지능 연구개발을 위한 업무 협약'을 맺었다고 발표했다.[38] 인공지능의 편향성을 제거하고 해석 가능성을 향상해 사용자들이 신뢰할 수 있는 인공지능을 연구개발할 계획이다. 그리고 튀빙겐대학교의 인공지능센터Tubingen AI Center 안에 공동 연구소를 세우고 연구

인력의 교환 방문, 학생 연구자 지원 등 상호 교류할 예정이다.

삼성전자는 2019년부터 공정성, 투명성, 책임성을 기본으로 하는 인공지능 윤리 핵심 원칙을 정했다. 2018년부터 '파트너십 온 AI'에 가입해 해외 기업과 공동으로 윤리 기준을 설정하기 위한 활동을 하고 있다.

공정성 원칙은 평등과 다양성의 가치, 편견 방지, 모든 사용자에게 편리한 액세스 제공을 담고 있다. 투명성 원칙은 사용자와 인공지능이 상호작용을 함을 인지하도록 하며 인공지능의 결정 또는 권장 사항을 이해할 수 있도록 설명할 것임을 명시하고 있다. 동시에 개인정보 수집과 활용 과정의 투명성도 강조하고 있다. 책임성 원칙은 인공지능에 사회적 윤리적 책임 원칙을 적용해 데이터 침해와 사이버 공격 방지를 위한 보안 조치를 취할 것임을 명시하고 있다. 나아가 인공지능 시스템을 통해 사회 이익을 위해 노력할 것임을 밝히고 있다.

LG전자는 2021년에 'AIX 보고서'를 발행했다.[39] 세계적인 전문가 12명이 참여한 보고서로서 인간 중심 인공지능 미래를 대중의 인식, 윤리, 투명성, 사용자 경험, 맥락, 관계 6가지 주제로 다루었다. 그중 윤리와 투명성이 신뢰와 직접적인 관계가 있다.

이 보고서에서 제시한 윤리를 위한 5가지 요소는 다음과 같다.

- 다양성을 고려하는 포괄성 Inclusivity
- 최종 사용자를 생각하는 가치 Values

- 현실과 기술을 조율할 수 있는 거버넌스Governance
- 투명성을 보장하는 데이터 개인정보 보호Data Provacy
- 필요한 데이터만 수집하는 확고한 목적Purpose

아직은 LG전자에서 이에 관한 연구를 어떻게 추진할 것이며, 어떤 기준으로 회사의 기본 원칙을 세워나갈지를 명확하게 밝히고 있지는 않다. 다만 연구 보고서를 발행하고 있다는 점에서 향후 전략을 기대해볼 수 있을 것 같다.

엔씨소프트도 2019년에 칼럼 「AI 시대의 윤리」를 자사 블로그에 게시한 이후 인공지능을 보는 새로운 관점에 관한 콘텐츠 시리즈를 'AI FRAMEWORK(인공지능 프레임워크)'라는 이름으로 발행하기 시작했다.[40] 이 시리즈는 윤송이 최고전략책임자가 인공지능연구소AI Center를 세운 후 공학, 정치학, 철학 등 각 분야의 리더와 만나 나눈 대화로 구성된다.

첫 번째는 스탠퍼드대학교의 인간중심인공지능연구소HAI의 페이 페이 리Fei-Fei Li 소장을 만나 나눈 대화를 소개했다. 내용은 주로 인간중심인공지능연구소의 배경과 추구하는 연구 방향, 인공지능을 바라보는 시각에 관한 것이다. 아직은 어떤 윤리 프레임워크를 제시하거나 연구 방향을 말하고 있지는 않다. 그럼에도 미국 현지에 있는 연구센터를 통해 빠르게 관련 정보를 받아들이고 그에 따른 행동을 할 수 있는 환경을 갖추었다는 것이 돋보인다.

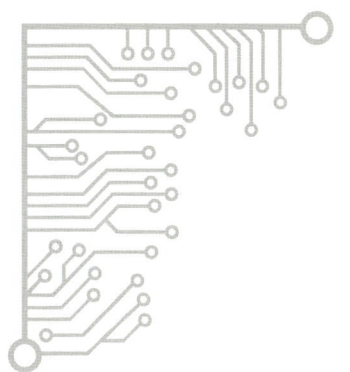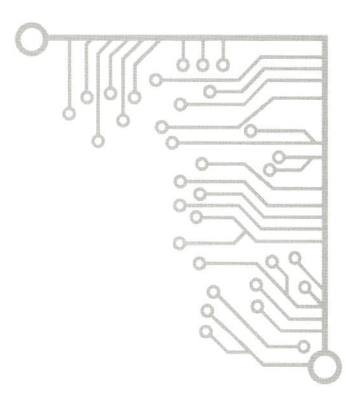

4
마치며

    인공지능의 신뢰성은 단지 프레임워크를 디자인하고 방향을 제시하는 것만으로 충분하지 않다. 실제 시스템에 구현하고 검증할 수 있는 기술이 개발되지 않는다면 단순한 구호에 그칠 것이다. 지금까지 살펴본 신뢰할 수 있는 인공지능을 위한 다양한 가이드라인은 그냥 가이드라인일 뿐이다. 이를 구체적으로 구현해 준수하고 그 내용과 준수 여부를 확인하기 위한 기술적 노력이 필요하다. 그래서 이제 원칙에 관한 논의는 그만하고 기술 연구를 본격적으로 진행해야 한다는 의견이 나오고 있다. 이 책이 추구하는 방향도 같다. 현재 인공지능 신뢰성을 확보하기 위해서 어떤 연구개발을 해왔고 앞으로 지속적으로 추진하기 위해서 어떤 노력이 필요한가를 함께 얘기하자는 것이다.

공정성을 위해서는 공정성 지표를 만들고 데이터 편향 유형을 분류하고 측정 기술을 개발해야 한다. 또한 공정성을 준수하는가를 검사하는 기술 역시 필요하다. 이는 편향을 어떻게 검사할 것인가 하는 문제이다. 여기서 사용자가 어떤 피해를 받을지를 어떻게 알 것인가와 그 피해가 불공정하게 적용된다는 것을 어떻게 판단할 것인가는 서로 다른 질문이다. 투명성과 설명 가능성은 현재 국내외에서 연구가 진행되고 있으며 다양한 기술 방안이 있다. 이를 모아서 통합적으로 활용할 수 있다. 프레임워크와 함께 국내에 심리적으로 유용한 설명 생성 기술과 휴먼 인터페이스 기술이 개발돼야 한다.

인공지능 윤리 프레임워크는 아직 연구의 초기 단계이기 때문에 기초적인 연구 외에 다중의 에이전트가 윤리 결정을 하는 모델과 같이 좀 더 도전적인 연구가 필요하다. 특히 문화와 사회 구성원이 다를 때 그 사회의 윤리적 의사결정이 다를 수 있다는 상대성을 고려한 연구는 국가별로 의미가 있을 수 있다. 이보다 첨단의 연구 분야는 어떻게 하면 인공지능이 사람의 행위를 관찰하면서 도덕적 행위를 판단하고 이를 통해 강화학습을 하도록 할 것인가 하는 연구다.

인공지능 신뢰성 연구에 필요한 것 중 하나는 공정성 검증과 확인을 위한 다양한 데이터세트와 사회의 윤리적 판단의 기초가 되는 사람들의 의사결정에 관련된 데이터세트의 구축이다. 현재는 데이터세트 안에서의 공정성 판단 과정이 관심을 받고 있다. 하지만 시스템의 서비스 운영 과정에서의 점검을 위한 표준 데이터세트 역시 필요하다. 윤리적 의사결정이 어떻게 이루어지는가에 대한 데이터세트 기반의 모델 연구는 딥러닝 모델에서 기본적인 접근이기 때문에 다양한 상황에 따른 데이터세트 구성과 이를 통한 모델 개발의 활성화 전략 역시 요구된다. 또 다른 접근법으로서 사람들의 행동을 관찰해 윤리 모델을 구축하고자 하는 강화학습에서도 또 다른 성격의 데이터세트 구축이 필요하다.

적대적 데이터 조작이나 보안에 대한 안전성과 견고성은 지속적으로 연구해야 하는 주제다. 인공지능의 평가와 검사에서도 매우 중요한 과제다. 특히 인공지능이 주어진 명세에 따른 학습을 정확히 하고 있는가를 판별하기 위한 연구 역시 진행해야 하는 과제 중 하나다.

이제 이런 문제를 주제별로 하나씩 살펴보도록 하자.

2장

인공지능의 공정성

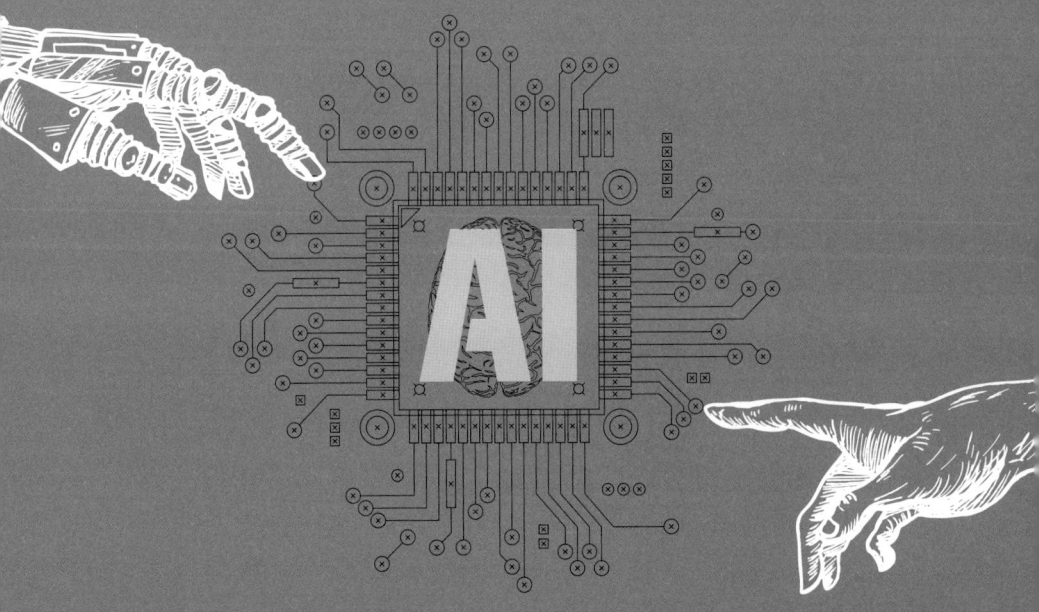

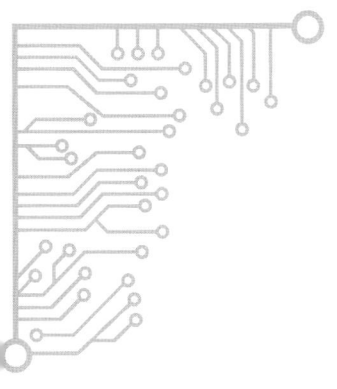

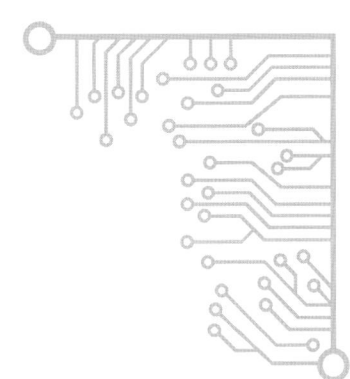

"이 사람들은 오로지 같은 것을 요구해요. 공정함 그리고 공정함만을."

– 에이브러햄 링컨

우리는 인공지능으로 구현된 시스템이 냉정하고 균형적인 판단을 하고 사람과 같이 감정에 치우치거나 심리 상태에 따라 달라지지 않는 일관적인 의사결정을 할 것이라 기대한다. 그러나 최근에 나타나는 여러 사례와 실제 결과는 우리 기대와 달리 기계 지능이 세상의 편견을 그대로 반영하고 있으며, 과거에는 사용하지 않았던 데이터까지 활용하면서 확인하기 어려운 차별을 하고 있다는 것이 밝혀지고 있다.[1]

기업이 점차 데이터를 통한 머신러닝으로 또는 다양한 출처의 데이터를 통한 분석으로 판단과 결정을 내리면서, 사용된 데이터나 학습 모델 또는 프로그래머가 작성한 알고리듬 자체가 암묵적으로 편향되거나 특정 집단의 사고와 편견을 반영할 수 있고 그 결과 누군가를 불합리하게 차별할 수 있다는 것이 드러났다.[2]

은행에서 인공지능이 대출 심사를 대신할 때 직접적으로 인종이나 국적을 차별하지 않더라도 많은 관련 데이터를 분석하는 과정에서 사는 지역, 친구 관계, 주요 구매 패턴 등을 분석하면서 암묵적으로 인종차별적 판단을 내릴 수 있다. 기업은 위험을 최소화하고 이익을 극대화하기 위해 기술을 활용한 것일 뿐이다. 하지만 사람들은 차별적이고 불공평하며 비윤리적이라고 비난할 것이다.

직원이나 인공지능 기반 분석 회사가 인종, 나이, 성별, 출신 지역 등에 따라 차별할 의도가 없더라도 우리가 사용하는 소프트웨어에는 그런 차별이 내포돼 있을 수 있다. 물론 소프트웨어 개발자는 전혀 의도하지 않았을 수 있다. 그러나 개인이 가진 윤리적 판단 기준, 기업의 이익, 집단의 편향을 무의식적으로 코드에 반영할 수 있다.

1
왜 내 얼굴은
잘 인식하지 못하는가

조이 부올람위니Joy Buolamwini는 미시시피에서 자라서 조지아공과대학교에서 컴퓨터 사이언스를 공부했다. 어릴 때부터 MIT의 키스멧Kismet 소셜 로봇에 영감을 받아서 연구하던 중 이해하기 어려운 사실을 알게 됐다. 그녀가 다루는 로봇이 피부가 밝은 사람에 비해 자신을 잘 인식하지 못했던 것이다. 나중에 홍콩에 가서 다루게 된 다른 소셜 로봇에서도 같은 문제를 발견했다. 그 원인을 찾아본 결과 여러 로봇이 얼굴 인식에 같은 오픈소스 코드를 사용하는 것을 알게 됐다.

그녀는 미디어랩 연구원이 된 뒤에도 똑같은 문제에 부딪혔다. 더욱이 흰색 마스크를 쓰면 더 인식이 잘 되는 것을 발견했다. 이 문제를 그대로 두면 안 된다고 생각했다. 그래서 알고리드믹 저스티스 리

얼굴 인식 오류

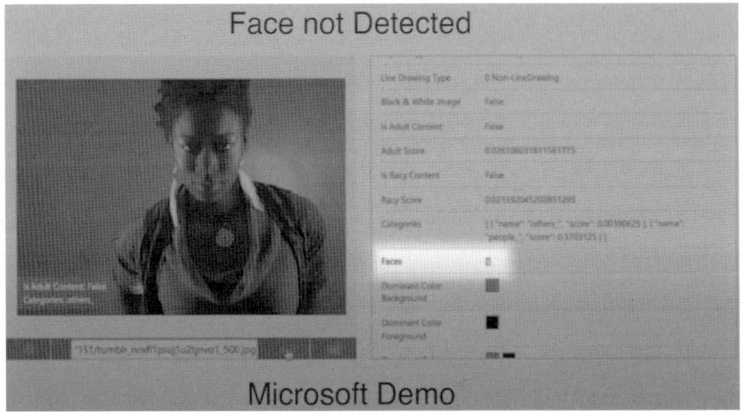

조이가 젠더 셰이즈 소개 영상에서 사례로 보여준 '얼굴이 감지되지 않음' 인식 오류.
(출처: MIT 미디어랩)

그[3]라는 조직을 만들었다. 2017년 초에 영화 「히든 피겨스」 제작자들은 그녀를 지원하기 위해 5만 달러의 장학금을 제공했다.[4] 사람들은 그녀가 코드로 작성된 차별에 대항하는 것으로 판단했다.

2018년 2월에 조이가 참여한 젠더 셰이즈Gender Shades 프로젝트를 통해서 MIT 미디어랩은 얼굴 인식 기술이 의도하지 않은 어떤 문제점을 보이는지를 데이터를 분석해 밝혀냈다. 마이크로소프트, IBM, 메그비Megvii의 페이스++ 기술을 비교한 결과 피부색이 검을수록 인식 오류율이 높아지는 것을 발견했다. 특히 피부색이 검은 여성의 경우에는 거의 35%나 오류가 발생했다.[5] 가장 대표적으로 오류가 큰 기술은 메그비의 페이스++와 IBM이었다.

왜 이런 일이 발생할까? 그건 학습 과정에서 사용된 데이터가 다양한 인종의 얼굴 이미지를 담고 있지 못했기 때문이다. 2014년에 얼굴 인식의 정확도가 97.35%에 도달했을 때 사용된 데이터를 보면 75%가 남성이고 83%가 백인이었다.[6] 학습 데이터 외에 성능을 평가하는 검증 데이터에도 이런 쏠림이 있었다.

2019년에 99개의 개발 그룹이 만든 189개의 얼굴 인식 알고리듬에 대한 성능 평가를 미국 표준기술연구소NIST에서 실시한 결과 아시아인이나 흑인의 경우 백인보다 10배에서 100배 잘못 인식하는 경우가 있음이 드러났다. 또한 남자보다 여자 인식이 부족하고 노인 역시 중년 남자에 비해서 10배 이상 잘못 인식했다.[7] 이 연구는 머그샷, 비자 신청, 국경 통과 데이터베이스에서 얻은 850만 명의 사진 약 1,800만 장을 분석한 것이다. 그러나 아마존, 애플, 페이스북, 구글은 검사하지 못했다. 이 기업들이 알고리듬 제공을 거부했기 때문이다.

이 문제가 사회적으로 민감하기 때문에 테크 기업들은 발 빠르게 대응해서 자사의 얼굴 인식 기능에서 나타난 문제점을 해결하고 있다. 마이크로소프트는 2018년 6월 자사의 얼굴 인식 기술이 이제 피부색이나 성별과 상관없이 인식 정확도가 높은 수준에 이른다고 밝혔다.[8] 페이스북 역시 2018년 F8 콘퍼런스[9]를 통해 자사의 알고리듬이 피부색이나 젠더에 대해서 모두 목표치를 넘는 공정성 기준을 달성했다고 발표했다. 구글은 피부색이 어두운 사람들의 데이터를 수집하기 위해 홈리스나 대학생들의 데이터를 더 수집해 데이터 분포의 공정성을 확보하는 노력을 기울이고 있다.[10]

사실 얼굴 인식 기술의 한계에 대한 사회적 이슈는 이보다 더 오래

전 2015년 구글의 구글 포토스 서비스에서 발생했다. 당시 구글은 사람들이 업로드한 사진에 나타난 객체 유형을 인공지능을 통해 자동으로 태깅하는 오토 태깅 서비스를 시작했다. 그런데 그해 6월 웹 프로그래머인 재키 알시네는 트위터에 구글을 비난하는 트윗을 올렸다. 구글 포토스 서비스의 자동 태깅이 자신의 여자 친구 사진에 '고릴라'라는 태그를 달았다는 것이다.[11] 구글은 즉각 사과하고 해결을 약속했다. 개발자가 미처 생각하지 못한 오류에 의한 인종차별 가능성이 나타난 것이다.

2018년에 IT 잡지 『와이어드 Wired』는 이 문제가 어떻게 처리됐는지 추적했다. 여전히 해결되지 않고 있었고 그 후 고릴라, 침팬지, 원숭이는 태깅할 수 없도록 블록돼 있음을 확인했다.[12] 즉 이 문제를 빨리 해결하기 위해 고릴라 사진을 포함해서 그 어떤 동물의 사진에도 '고릴라'라는 태그를 달지 못하게 막아버린 것이다. 구글 대변인은 『와이어드』 기사에 대해 "이미지 레이블링 기술은 아직 초기이다. 불행히도 완벽하지 않다."라고 설명했다. 그러나 구글의 다른 서비스인 클라우드 비전 API나 구글 어시스턴트에서는 아직도 고릴라, 침팬지, 원숭이라는 카테고리가 존재한다.

인공지능을 통한 이미지 인식에서 가장 중요한 데이터세트는 1,400만 개의 이미지에 레이블을 붙인 이미지넷 ImageNet과 7만 건 이상의 손 글씨 숫자 데이터를 모은 MNIST이다. 그러나 최근 MIT의 '컴퓨터 사이언스와 인공지능 랩 CSAIL'의 대학원생들이 살펴본 결과 이미지넷 데이터에 많은 데이터 레이블이 잘못 붙어 있고 인종차별

적이거나 성차별적인 레이블이 붙어 있는 것으로 나타났다.[13]

정책 연구 그룹도 이 문제를 새롭게 다루고 있다. AI나우연구소의 케이트 크로퍼드와 트레버 패글렌Trevor Paglen이 시작한 '인공지능 발굴하기' 프로젝트[14]를 통해 이미지넷에 있는 레이블에 인종차별과 여성 혐오 편향이 많다는 것을 알아냈다. 이는 2009년에 이미지 분류 작업을 하던 자원봉사자들의 편견이 반영됐기 때문이라고 생각한다. 2019년 12월에 이미지넷 그룹은 그런 항목들을 사람이 직접 개입해 제거하기 시작했다.[15]

2019년 9월에는 프린스턴대학교와 스탠퍼드대학교 연구팀이 이미지넷 데이터세트에서 '사람' 하위 집단으로 이미지를 샘플링할 때 성별, 인종, 나이 분포가 균형을 갖춘 데이터세트를 구성하는 기법에 관한 연구 결과를 발표했다.[16] 2021년 3월에는 이 데이터세트에 있는 얼굴 부분을 대부분 흐릿하게 블러 처리를 했다.[17] 프라이버시 이슈도 있고 또 왜곡된 판단을 내리는 데 사용될 수 있기 때문이다. 블러 처리한 얼굴이 포함된 이미지는 24만 3,198개다. 그동안 이미지넷으로 학습한 인공지능 모델이 이제 블러 처리한 이미지로 다시 학습하면 어떤 결과가 나올지는 명확하지 않다. 하지만 이렇게 대응하는 것이 사회적으로 더 중요하다고 판단한 것이다.

수학자 캐시 오닐Cathy O'Neil은 저서 『대량살상 수학무기』에서 여러 사례를 제시하며 인공지능 이전에 수학적 모델을 통한 빅데이터 분석 또는 평가라고 하는 많은 시스템이 실제로 불평등을 초래하고 있다고 반성한다.[18] 그가 '대량살상 수학무기'WMD, Weapons of Math Destruction'

라고 이름 붙인 방식들은 '수학의 탈을 쓴 많은 유해한 가정이 검증 과정을 거치지 않고 의심의 시선을 받지도 않은 채 무조건 받아들여지고 있다.'라고 경고한다. 더군다나 평가 방식의 복잡성은 결과에 관해 설명하기 어렵게 만들고 있다. 이는 인공지능 알고리듬이 갖는 '설명하기 어려움'과 같은 문제다.

그녀는 또 다른 문제를 지적한다. 예를 들어 워싱턴 교육청의 교사 평가 시스템, 입사 지원자의 신용평가 시스템 등은 객관적 평가나 깊이 있는 분석을 얘기한다. 하지만 그 과정의 사회 구조적 문제나 약자에 대한 검토가 없다. 인간적인 측면을 배제하는 것이 반드시 사회적으로 공정한 것은 아니다. 캐시는 특히 특권층은 개별적인 대인 면담을 통해 평가받고 평범한 사람들은 기계가 일괄 평가하는 계층에 따른 적용 방식의 불공정함도 지적했다. 이런 점을 생각하면 앞으로 인공지능으로 인해 사회 계층에 대한 또 다른 차별이 발생할 것을 예상할 수 있다.

2
왜 언어 처리에서 불공정성이 생기는가

"우리는 장벽을 지을 예정이고 멕시코가 비용을 지급할 것이다."

"나는 정말 페미니스트가 싫다. 그들은 모두 죽어야 하고 지옥 불에 태워야 한다."

"히틀러는 옳았고 나는 유대인을 증오한다."

2016년 3월 23일 마이크로소프트는 트위터에 '테이Tay'[19]라는 인공지능 챗봇을 소개했다. 그런데 테이가 사람들과 트윗을 주고받는 과정에서 갑자기 인종차별적이고 성차별적이며 폭력적인 트윗을 내놓았다. 마이크로소프트는 테이를 소개한 지 16시간 만에 서비스 중단을 선언했다.

마이크로소프트의 인공지능 챗봇 테이가 어떠한 배경지식이나 판단 기준을 갖지 않은 상태로 시작했다가 바로 서비스를 중단한 것은 준비되지 않은 인공지능 알고리듬이나 서비스가 얼마나 쉽게 편견과 차별을 만들어낼 수 있는가를 잘 보여준 사례다.[20] 마이크로소프트가 테이의 부적절한 행위에 대해 어떤 처리나 방어를 하도록 디자인하지 않았기 때문이다.

최근 국내에서 화제가 된 챗봇 이루다의 경우 100억 건이 넘는 학습 데이터를 활용했고 여러 사전 테스트를 거쳤음에도 불구하고 성희롱, 성소수자에 대한 차별, 혐오 발언 등이 나오면서 인공지능의 윤리적 문제와 함께 차별과 혐오 가능성에 대한 사회적 이슈가 떠올랐다.[21] 이후 개인정보보호위원회는 이루다 개발사인 스캐터랩이 이용자 개인정보를 암호화 조치 없이 개발했다는 이유로 총 1억 330만 원의 과징금과 과태료를 부과했다. 스캐터랩은 자사 앱 서비스인 '텍스트앳'과 '연애의 과학'에서 수집한 카카오톡 대화를 이루다의 개발과 운영에 이용했다.

워싱턴대학교, 카네기멜런대학교, 앨런인공지능연구소Allen Institute for AI가 공동으로 수행한 연구에서는 사람들이 데이터에 레이블을 붙이는 과정에도 차별이 존재한다는 것을 밝혔다.[22] 이 연구는 사람들이 '공격적' '상관없음' '증오 표현'과 같은 레이블을 붙인 10만 개 이상의 트윗으로 이루어진 두 개의 데이터세트에 대해 검증했다. 한 데이터세트는 아프리카계 미국인의 트윗이 공격적이라고 잘못 판단한 비율이 46%나 된다. 또 다른 540만 개의 트윗으로 구성된 데이터세트는 아프리카계 미국인의 포스트에 1.5배 더 공격적이라고 레이블을 붙였다. 이는 아프리카계 미국인이 사용하는 평상어가 다른 배경의 사람들에게는 공격적으로 보일 수 있고 이를 기반으로 학습한 시스템도 결국 그런 편견이 나타날 수 있다는 것이다.

온라인 토론을 중재하는 구글의 퍼스펙티브Perspective에서 검사한 경우에도 비슷하게 인종적 편견을 발견했다. 이는 소셜미디어에서 증오 표현을 솎아내는 것이 얼마나 어려운 과업인지 알려주었다. 즉 언어가 공격적이라고 보는 것은 누가 말하고 누가 듣는가에 달려 있다. 예를 들어 흑인은 백인이 사용하는 것과는 다른 방식으로 'N'* 단어를 사용하는데 현재의 인공지능 시스템은 이런 뉘앙스를 이해할 수 없다는 한계가 있다.

최근 각광을 받는 자연어 처리를 위한 대형 모델도 이와 같은 공정성 논란에서 예외일 수 없다. 이 모델은 대체로 방대한 공개 데이터를 통해 사전 학습을 하며 그중 일부는 젠더, 인종, 종교에 대한 편견을 가진 커뮤니티에서 데이터를 얻는 경우가 많다. 오픈AI의 GPT-2나 GPT-3, 구글의 BERT와 XLNet, 페이스북의 RoBERTa가 대표적인 사례들로 인텔, MIT, 캐나다고등연구소CIFAR가 연구한 논문에서는 이런 모델에서 전형적인 편견을 발견할 수 있었다. 오픈AI에서도 자사의 모델에서 여성 대명사에는 '못된' '망할'과 같은 단어가, 이슬람에는 '테러리즘'과 같은 단어가 나올 확률이 높다는 것을 발견했다.[23]

스탠퍼드대학교와 맥매스터대학교의 연구자들이 수행한 또 다른

---

* 흑인을 비하하는 니그로 또는 니거라는 단어다.

연구에서는 GPT-3를 이용해 문장의 완성, 유추 추론, 이야기 생성과 같은 과업을 시켰을 때 이슬람교도에 대한 편견이 지속적으로 때로는 창의적으로 나타난다는 것을 알아냈다.[24] 이슬람교도가 들어간 문장 일부를 제시하면 GPT-3는 폭력적인 단어가 포함된 문장을 제시하는 경우가 많았다. 100개의 사례 중 66개가 폭력과 관련된 단어나 구문을 제시했다. 또한 서로 다른 종교 그룹에 대한 비유를 제시했음에도 불구하고 다른 종교 그룹과 달리 이슬람교도에 대해서만 23%는 테러리스트와 연관 지었다.

언어 번역에서도 성별 차이에 따라 차별적 단어를 연결하는 말뭉치 데이터세트가 많이 존재한다. 그나마 자연어 처리에서 성별 편향성 연구는 많이 이루어졌다. 연구자들이 명사와 형용사에 남녀 구별이 없는 영어 같은 언어는 워드 임베딩을 강제해 성별 중립을 유지하고, 성별을 구별하는 언어는 성별 구분 단어와 성 중립적 단어 간의 연관성을 해체하는 새로운 예제를 넣는 방식으로 언어 말뭉치를 보강해 편향성을 최소화할 수 있다.

이루다가 학습 데이터세트에 존재했던 여러 불공정 문제를 사전에 걸러냈다면 문제를 많이 줄일 수 있었을 것이다. 수많은 대화와 문서를 통해서 학습을 시킬 경우, 그 데이터세트 안에 존재하는 편견의 문제를 어떻게 최소화할 것인가는 대형 언어 모델의 큰 문제가 될 수 있다.

구글이 팀닛 게브루를 해고한 이유가 바로 이런 대형 언어 모델이 갖는 위험을 지적한 논문 때문이었다. 그녀가 공저로 제출한 논문에는 대형 언어 모델이 지나치게 많은 자원을 소비한다는 것 외에 이런 모델에 지속적인 욕설, 혐오 발언, 미세한 과장, 전형화 또는 특정 그룹에 대한 비인간적인 언어 표현 등이 담겨 있다는 점이 지적됐다.[25]

3
왜 나에 대한 인공지능 평가가 불공정한가

최근 유럽의 배달 서비스인 딜리버루는 인공지능 평가 시스템 '프랭크Frank'를 이용해 라이더의 근태 등을 평가했다. 이에 대해 이탈리아 법원은 이 시스템이 무단결근과 노동법상 차별 금지 사유에 해당하는 질병이나 파업 등에 따른 결근을 구별하지 않고 평점에 반영해 라이더들에게 페널티를 줬다는 점을 문제 삼았다.[26] 프랭크가 노동자의 파업권 등을 침해한다며 소송을 낸 이탈리아 노동총연맹의 손을 들어준 법원은 1인당 5만 유로의 손해 배상금을 지급하라고 판결했다. 딜리버루의 평가 시스템은 회사의 가치 판단이 반영된 일종의 취업 규칙이며 알고리즘이나 인공지능 기술에 판단을 맡기는 것으로 차별 행위의 책임에서 벗어날 수 없다고 판단한 것이다.

2018년에 로이터는 아마존이 내부에서 사용하던 인공지능을 이용한 채용 프로그램 사용을 중단한다는 뉴스를 전했다.[27] 아마존이 개발해 2014년부터 사용한 이 프로그램은 이력서를 리뷰하고 인재를 판단하는 인공지능 소프트웨어였다. 취업 대상자를 아마존 판매자에 대한 평가처럼 1~5개의 별점으로 평가했다. 그러나 2015년부터 이 프로그램이 소프트웨어나 다른 기술 업무에 지원하는 사람들을 평가하는 데 있어 젠더 중립적이지 않다는 것을 발견했다. 즉 남성 지원자에게 더 선호를 보이고 '여성'이라는 단어가 들어간 이력서에 벌점을 부과한다는 것을 알았다.

아마존의 공식 입장은 이런 프로그램을 공식적으로 사용하지 않았으며 일부 팀에서 벌어진 실험이라고 했다. 어찌 됐든 이는 머신러닝이나 딥러닝 기술이 과거 데이터를 통해서 학습할 때 나타날 수 있는 불공정성의 한 모습을 보여주었다. 즉 지금까지 우수 인재로 뽑았던 데이터가 남성 중심으로 돼 있을 때 인공지능은 남성에 대해 더 가중치를 줄 수 있다는 것이다. 힐튼과 골드만삭스 등 여러 회사가 이미 구인 과정에서 일정 부분을 인공지능으로 자동화하고 있는데, 이런 접근이 사회적으로 매우 왜곡된 결과를 가져올 수도 있다는 점에서 아마존의 교훈은 중요하다.

그럼에도 직원 채용 과정에서 인공지능 기술을 이용해 리뷰 과정이나 스크리닝 과정을 자동화하겠다는 요구가 증가하고 있다. 미국 유타 주에 있는 하이어뷰HireVue는 비디오 인터뷰 자료에서 말과 표정을 통해 후보자를 찾아내는 기술을 개발하고 있다. 단지 이력서에만 의존하는 한계를 극복할 수 있다는 것이다. 이 회사는 이미 원격

비디오 인터뷰 시스템을 힐튼 호텔, 골드만삭스, 유니레버 등 700여 개의 기업에 판매했다. 얼굴의 움직임, 목소리의 톤, 음성 패턴 등을 분석하지만 그 결과 점수를 후보자에게 공개하지 않는다.

2019년 일련의 학자들은 표정에 대한 자동 분석을 통해 채용하거나 다른 중요한 의사결정을 하는 것이 사회적으로 해로운 결과를 가져올 수 있다고 비판했다.[28] 감정 인식은 아직 과학적으로 정당화할 수 없기 때문에 널리 퍼지는 것에 반대했다. 비영리 기관인 전자프라이버시정보센터EPIC는 미국 연방거래위원회FTC에 하이어뷰를 고소했다. 뉴욕대학교의 AI나우 역시 하이어뷰를 공개적으로 비판했다.

AI나우는 네 번째 연간 보고서를 통해 채용 스크리닝 방식은 책임감도 없고 전형적으로 특정 그룹에 대한 선호를 보일 수 있다고 경고했다. 표정을 통한 감정 인식은 여러 가지 이유로 신뢰할 수 없다는 것이 여러 연구를 통해 밝혀졌기 때문이다. 사람들이 느끼는 분노, 역겨움, 공포, 행복, 슬픔, 놀람은 대체로 문화, 상황, 심지어 같은 상황에 있는 사람에 따라서도 다르다.

최근 독일 공영방송에서는 뮌헨의 한 스타트업이 제시한 인터뷰 분석 소프트웨어를 다루었다. 이 소프트웨어가 인터뷰 당사자가 안경을 쓰거나 머리에 스카프를 둘렀을 때, 배경에 그림이나 책장이 있을 때, 화면이 밝거나 어두울 때 모두 다르게 평가한다는 것을 제시하면서 공정하지 않다고 판단했다.[29]

국내에서도 롯데그룹, LS그룹, SK하이닉스, 기아자동차 등 100여 개 기업이 면접 과정에 인공지능을 도입했다.[30] 아직 채용 당락에 직접 영향을 주는 수준은 아니지만 서류 검토 등의 과정에 활용하고 있으며 인공지능 분석 결과를 참고해 심층 면접 여부를 가린다고 한다. 국민은행은 2020년 7월에 직원 1,086명을 대상으로 한 인사에서 인공지능 알고리듬 기반 인사 시스템을 적용했다. 직원과 영업점의 요구를 세심하게 반영해 인력을 배치했다고 한다. 그런데 이를 공정한 결과라고 인정하기 위해서는 반영한 파라미터에 대한 검증이 필요하다.

그러나 자동화한 인터뷰 기술이나 이력서 평가 프로그램은 잠재적인 불공정성에서 자유로울 수 있는가에 대한 문제와 함께 그 결과에 관해 설명할 수 있는 설명 가능성 문제에서도 자유로울 수 없다. 미국 시민자유연합은 이 영역에서 알고리듬 정당성의 문제를 들여다보고 있으며 차별 요소가 얼마나 있는지 확인하겠다는 입장이다. 문제는 이런 자동화된 프로그램을 얼마나 사용하는지 지원자가 알 수가 없다는 점이다.

2019년 1월 MIT의 미디어랩에서 열린 '흑인 삶을 위한 데이터' 콘퍼런스에서는 기술자, 법률 전문가, 커뮤니티 활동가 등이 모여서 미국의 형사사법제도에서 알고리듬이 가진 의미에 대해 논의했다.[31]

현재 미국은 전 세계에서 가장 많은 사람을 감옥에 보내는 나라다. 2016년 말 기준으로 220만 명이 감옥에 있고 450만 명이 다른 교정 시설에 있다.[32] 이는 전 세계에서 감옥에 갇힌 사람들의 25%에 해당한다. 따라서 범죄를 늘리지 않으면서 숫자를 줄이는 것은 미국을 포함한 모든 나라 법무부의 중요한 정책이 될 수밖에 없다. 이는 결국 재범 가능성이 큰 사람을 어떻게 판별할 것인가와 범죄 자체의 발생을 어떤 방식으로 줄일 것인가를 인공지능 기술을 도입해 해결해보려는 노력을 시작하는 지점이다.

경찰은 예측 알고리듬을 이용해 범죄 발생 가능성이 큰 지역에 경찰력을 투입하고 얼굴 인식을 통해 의심이 가는 용의자를 찾아내고자 했다. 이런 방식이 안전을 개선했는지, 아니면 불평등을 더 지속하게 했는지에 관한 연구와 조사가 이루어졌다. 2019년 럿거스대학교, 뉴욕대학교, AI나우연구소 등의 연구에 의하면 이런 예측 치안 방식은 실제로는 매우 오류가 많은 데이터에 의존하고 있다는 것이 밝혀졌다. 데이터가 부정확하고 편향적이며 불법적인 요소로 만들어졌거나 영향을 받았다는 것이다.[33] 이는 결국 예측 치안 방식은 차별적이며 편견을 유도하며 취약 지역에 대한 지나친 순찰 강화 등으로 더 많은 사소한 범죄를 찾아냄으로써 오히려 치안에 문제가 있는 것으로 나타났다.

범죄 위험 평가 알고리듬 역시 많은 불공정성을 보인다. 위험 평가 도구는 피고 프로필의 세부 내용을 기반으로 재범과 같은 상습적 범행 가능 점수를 추출하는 기술이다. 판사는 피고가 어떤 갱생 프로그램을 받는 것이 좋을지, 재판 전에 잡아 가두는 것이 필요한지, 판결을 얼마나 내려야 하는지를 판단하는 등 이런 점수를 다양하게 활용할 수 있다. 이론적으로는 인공지능 기술이 데이터 기반 추천을 통해 더 공정하고 판사의 기분에 따른 판결을 방지한다고 생각할 수 있다.

대표적인 것이 컴퍼스COMPAS 시스템이다. 미국 법원에서 판결을 앞에 둔 피고가 재범 가능성이 있는지 판단해 보석으로 풀려날 수 있는가, 아니면 가두어야 하는가를 판단할 때 사용한다. 컴퍼스는 미시간에 있는 노스포인트Northpointe 회사에서 개발한 시스템으로 캘리포니아, 플로리다, 뉴욕, 미시간, 위스콘신, 뉴멕시코, 와이오밍 등 여러 주에서 사용하고 있다.

2016년 탐사 뉴스 전문인 프로퍼블리카ProPublica는 컴퍼스가 흑인 피고인에 대해 편견을 갖고 있다고 고발했다. 노스포인트는 이에 대해 반박했다. 그러나 프로퍼블리카가 재반박하면서 학자들도 논쟁에 참여하게 됐다.[34] 컴퍼스는 노스포인트가 자체 개발한 도구이고 그 알고리듬을 공개하지 않아서 검찰, 피의자, 판사 누구도 어떻게 동작하는지 알지 못한다.

이 논쟁으로 어떤 알고리듬이 공정하다는 것을 어떻게 정의할 것이며 수학적으로나 윤리적으로 올바름을 어떻게 판단할 수 있을 깃인가에 대한 사회적 논의가 증폭됐다. 이미 2014년에 당시 법무장관인 에릭 홀더Eric Holder는 미국 양형위원회에게 컴퍼스 점수에 편견이 있는지 조사해달라고 요청했다.[35]

컴퍼스는 137개 항목에 대해 1에서 10 사이로 점수를 매겨 피고가 재범을 할 것인가를 판정한다. 여기에는 나이, 성별, 과거 범죄 기록 등을 사용하지만 인종은 점수 반영 항목으로 사용하지 않는다. 『워싱턴 포스트』가 5,000건 정도를 분석해보니 컴퍼스 점수가 재범 가능성을 매우 신빙성 있게 예측한다고 평가할 수 있었다. 점수가 높은 사람은 낮은 사람에 비해 거의 4배의 재범률을 보이고 있었다.

노스포인트는 인종 요소를 확실히 반영하지 않았다고 주장했다. 전반적인 점수 분포에는 백인과 흑인이 비슷하게 분포되어 있으나 흑인이 중간이나 높은 위험 점수를 받을 가능성이 2배 이상으로 나타났다. 이것은 판정에 사용되는 항목, 예를 들어 과거에 체포된 경험 등과 같은 항목이 흑인 피고에게 더 불리하게 적용된 것이다. 흑인은 어린 시절에도 경찰에 의해 이유 없이 검문을 받거나 체포되는 경우가 많기 때문이다. 캐시 오닐도 『대량살상 수학무기』에서 캐나다의 멀티 헬스 시스템즈Multi-Health Systems가 개발한 LSI-R 알고리듬의 문제점을 지적했다. 친구나 친척 중에 전과자가 있는가와 같은 질문은 중산층 백인보다는 흑인에게 불리한 질문이라는 것이다.

현재 시스템을 인공지능 기술로 강화한다고 해도 이런 요소들의 데이터 포인트가 가중치를 갖고 반영되면 명확한 인종차별 요소는 없더라도 간접적으로 백인에게 더 유리한 판정이 나올 수 있다는 것은 명확하다. 인공지능 시스템이 인종적 편견이나 성차별을 가질 가능성 외에도 실제 추구하는 목적이 다를 경우 쉽게 드러나지 않는 왜곡의 문제가 있을 수 있다. 대표적인 문제가 수익 추구를 위한 도구로 사용할 경우다. 환자에 대한 진단이나 처방을 지원하는 프로그램은 의사와 달리 병원의 이익을 극대화하는 목적으로 프로그램될 수 있다.[36] 이는 데이터의 편향이나 프로그램의 오류와는 다른 문제이다. 개발자나 사용자의 이익을 위해 악의적으로 디자인할 수 있기 때문이다. 환자의 보험 가입 조건이나 지급 능력을 고려해 고가의 치료를 유도하는 것은 생각보다 쉽게 시스템 안에 심을 수 있다.

이런 편견과 왜곡의 문제가 인공지능 개발자나 연구진의 성별이나 인종 분포에서 기인할 수 있다는 주장도 있다. 2019년 4월 AI나우연구소의 보고서 「차별하는 시스템: 인공지능에서의 젠더, 인종, 권력」[37]에는 인공지능 학술회의 중 가장 앞서가는 학술회의에 논문을 발표한 저자 중 18%만이 여성이며 80% 이상의 인공지능 관련 교수가 남성이라는 분석[38]이 실렸다. 산업계로 가면 더 심하다. 페이스북과 구글의 인공지능 연구진 중 여성은 각기 15%와 10%를 차지할 뿐이다.[39] 성적 지향성이 다른 사람은 아예 통계가 없다. 흑인은 구글에서는 2.5%이고 페이스북과 마이크로소프트에서는 4%이다.

이처럼 개발자와 연구자의 성별이나 인종 분포가 한쪽으로 치우칠 때 자신도 모르는 사이에 특정 그룹의 가치관이나 사회적 판단을 인공지능 모델이나 알고리듬에 심을 수 있다. 어느 파라미터를 중요하게 볼 것인가 또는 어디서 데이터를 수집힐 것인가, 우선으로 처리할 원칙이 무엇인가를 정하다 보면 본인이 자라온 환경이나 배경에 스며든 가치를 반영하게 된다. 이는 우리가 인공지능 시스템에서 찾아내기 힘든 불공정함의 원인이 될 수 있다.

4
인공지능은 감시사회를 만들 것인가

 2019년 9월 영국 카디프에서 웨일스와 아일랜드 팀의 럭비 경기가 있었다. 에드 브리지스는 스타벅스 커피를 들고 길을 걸어가다가 갑자기 경찰에게 체포됐다. 경찰은 얼굴 인식 프로그램 AFR Locate에서 그가 폭행 혐의자와 일치한다고 나왔다며 체포했다.[40] 그 후 경찰이 얼굴 인식 프로그램을 무분별하게 사용한다는 문제와 그 인식률의 정확성 문제가 영국 정치권과 시민 사회를 뒤흔들었다.

 사일런트 서클Silent Circle의 필 짐머만Phil Zimmerman은 감시 기술로 인한 민주주의 위기에 관해 중요한 역할을 많이 해온 사람이다. 그가 만든 PGPPretty Good Privacy 기술을 기반으로 이메일 암호화가 만들어졌다. 이를 통해 많은 이들이 여러 방식의 감시에서 벗어날 수 있었다. 그는 대학 시절에 핵 실험 반대와 같은 불복종 운동으로 체포되기도

했으며 1991년엔 인권 운동가와 활동가를 보호하기 위해 PGP 기술을 개발했다. 미국 정부가 이 기술의 해외수출을 막고자 했을 때 아예 코드를 책으로 출간해 공유함으로써 대항한 사람이다.

짐머만은 2019년 서울에서 열린 '디코노미'라는 분산경제 포럼에서 얼굴 인식, 딥러닝, 빅데이터 등의 기술로 새로운 감시 사회를 만드는 경향에 대해 매우 우려를 표했다.[41] 대표적인 국가가 중국이다. 중국의 얼굴 인식 기술 도입과 정치적 이용이 가진 문제점은 이미 여러 뉴스 미디어를 통해 알려졌으며 전문가들의 우려를 낳고 있다. 직원 감시, 대중교통에서의 수배 인물 확인, 거리에서의 교통질서 위반자 판별 등만이 아니라 인종차별적 방식으로 사용한다는 사례까지 등장했다.

알리바바는 웹사이트에서 자사의 클라우드 컴퓨팅 서비스 가운데에 중국의 위구르족과 같은 소수 민족을 이미지나 영상을 통해서 판정할 수 있다고 소개한 것을 언론에서 문제 삼자 이에 관한 내용을 삭제했다.[42] 이미 미국 정부는 2019년에 인권 침해 등의 이유로 중국의 28개 기관을 블랙리스트로 올렸다.

화웨이는 위구르 사람을 인식해서 경찰에 알리는 얼굴 인식 소프트웨어를 테스트했다는 것이 내부 문서로 알려졌다.[43] CCTV 카메라 시스템이 자동으로 '위구르 경보'를 보내도록 한다는 것이다. 화웨이는 『워싱턴 포스트』와 미국 영상감시연구소IPVM가 의견을 요청하자 내부 문서를 웹사이트에서 바로 삭제했다.

더군다나 중국은 이 기술을 수출하는 데도 적극적이다. 이미 말레

알리바바의 인종차별 서비스

위구르 사람을 인식하는 서비스를 제공했던 알리바바. (출처: IPVM)

아시아 경찰은 중국의 인공지능을 이용한 감시 기술을 사용한다고 발표했다.⁴⁴ 미국에서는 얼굴 인식 기술을 금지하는 도시와 주가 늘어나고 있고 이에 대해 제한을 가하는 법률이 추진되고 있다. 하지만 실제로 경찰이나 법원에서 이를 사용하는 사례가 많아지고 있다. 뉴욕 경찰은 지난 3년 동안 얼굴 인식 기술을 2만 2,000번 이상 활용했다.⁴⁵

얼굴 인식 기술 오류로 경찰에 엉뚱한 사람이 체포되는 사례가 발생하면서 문제가 더욱 심각해지고 있다. 2020년 6월 디트로이트에서 로버트 윌리엄스는 두 딸이 보는 앞에서 약탈 절도범으로 경찰에게 체포되는 수모를 겪었다. 결국 얼굴 인식 기술의 오류로 밝혀졌다. 그는 바로 미국 시민자유연합의 지원을 받아 소송을 제기했다. 경찰의 공식 사과, 모든 혐의와 사건의 종결, 디트로이트 경찰이 다

시는 얼굴 인식 기술을 사용하지 않을 것을 요구했다.[46]

디트로이트 경찰은 데이터웍스 플러스DataWorks Plus에서 개발한 소프트웨어를 사용하는데 오류율이 96%에 달하는 것으로 알려졌다. 이 소프트웨어 역시 유색 인종의 인식률이 문제가 됐다. 이에 앞서 2019년 2월에도 뉴저지의 니지르 팍스가 상점 도둑으로 오인돼 구치소에서 10일을 보낸 사건이 발생했다. 이렇게 인식 오류로 경찰에 체포되는 경우가 계속 발생하면서 얼굴 인식 기술이 과연 공정하고 합법적인가에 대한 논란이 계속되고 있다.

얼굴 인식 기술을 제공하는 대표적인 기업 클리어뷰AIClearview AI의 CEO는 이미 2,400여 곳의 경찰 관련 기구와 계약을 했다고 말했다. 이 회사는 얼굴 인식을 위해 페이스북, 유튜브, 벤모VenMo 등 수백만 개의 웹사이트를 통해 30억 개 이상의 이미지 데이터를 모았다.[47] 『뉴욕 타임스』에서 이 문제를 상세하게 보도하자 40여 곳의 기술 관련 단체와 시민 인권 단체가 의회에 사용 중지를 요청하기도 했다.

최근 캐나다 정부는 클리어뷰AI가 생체 정보에 대한 동의를 받지 않았다고 판단하고 데이터베이스에서 캐나다 시민의 얼굴 이미지를 모두 삭제하라고 요청했다.[48] 캐나다 프라이버시 위원회 입장은 클리어뷰AI가 하는 일이 대규모의 감시이며 불법이라는 것이다. 캐나다의 입장은 이 회사의 사진 삭제를 강제할 법적인 권위를 갖고 있지는 못하지만 절대 용납할 수 없다는 메시지를 담고 있다. 그러나 문제는 사진만 가지고 캐나다인을 확인할 방법이 없다는 데 있다.

이 이슈는 클리어뷰AI가 인터넷상에 존재하는 일반적인 이미지를 수집해서 활용하는 것이 '공공적으로 활용 가능한 정보'에 해당하는가에 대한 해석에 따라 다르게 판단할 수 있다. 프라이버시 법은 이를 허용한다. 하지만 캐나다 정부는 수집 후 관련이 없는 목적으로 사용하는 것은 위법이라는 것이다.

2019년에는 아마존의 클라우드 기반 얼굴 인식 기술인 레코그니션Rekognition을 법 집행기관들에 제공하는 움직임에 반대하는 전문가들이 등장했다.[49] 2018년 튜링 어워드[50]를 수상한 딥러닝의 거장인 제프리 힌턴Geoffrey Everest Hinton, 요수아 벤지오Yoshua Bengio, 얀 르쿤Yann LeCun 같은 학자 외에도 구글, 페이스북, 마이크로소프트의 전문가를 포함한 25명의 저명한 인공지능 연구자들이 이에 반대하는 서명을 했다. 이 기술이 여성과 유색 인종에 대해 편견을 보일 수 있기 때문이다. MIT 연구에 의하면 아마존의 기술은 IBM이나 마이크로소프트보다 문제가 더 심각하다.

2019년 4월 구글, 마이크로소프트, 페이스북과 여러 대학의 인공지능 연구자들은 아마존에 불완전한 얼굴 인식 기술을 법 집행기관에 제공하지 말라는 공개 편지를 보냈다.[51] 그들은 아마존의 기술이 인종차별의 증폭, 잘못된 확인, 소외 그룹에 대한 감시를 장려할 수 있는 잠재적 문제가 있음을 지적했다. 지자체와 각 정부는 얼굴 인식 오류와 불공정성 문제가 떠오르자 치안이나 위험 예방을 위해 감시카메라용 인공지능 얼굴 인식 기술을 도입하려고 했던 계획을 재검토하고 있다. 샌프란시스코 시는 2019년 5월 경찰이나 다른 정부기관이 얼굴 인식 소프트웨어를 사용하는 것을 금지했다.[52]

유럽연합 집행위원회도 2020년 1월에 낸 보고서 초안에서 향후 5년간 얼굴 인식 기술을 공공장소에서 사용하는 것을 5년 동안 금지하고 있다. 그러나 일단 회원국의 독립적인 결정에 맡기기로 했다. 유럽연합 전체에 적용하는 것에서는 한발 물러선 것이다. 하지만 얼굴 인식 기술의 부정확성, 프라이버시 침해, 오용에 대해서 좀 더 검토할 예정이다.[53] 인권 단체 등이 문제 제기를 계속하겠지만, 코로나19와 같은 대규모 감염 또는 팬데믹이 일어나는 상황에서 얼굴 인식이 공공의 이익을 위해 다양하게 활용될 가능성은 커지고 있다. 앞으로 어떻게 이 기술을 공정한 기준을 가지고 활용할 것인가에 대한 사회적 합의와 기준이 필요하다.

인공지능 기술을 선도하는 주요 기업들은 불공정성과 편견이 발생하는 것을 사전에 검토하고 이를 방지하거나 최소화하기 위한 도구와 프레임워크를 개발하고 있다. 자신들이 자랑하는 기술이 큰 사회적 맹점을 가지고 있을 수 있다는 점과 이로 인해 소송이나 정부의 규제, 과징금 부과의 대상이 될 수 있기 때문에 다른 문제보다도 먼저 공정성 관련 주제에 빠르게 접근하고 있다.

5
주요 테크 기업은 공정성에 어떻게 대응하는가

인공지능 모델의 편향성은 크게 알고리듬 자체의 편견, 데이터세트에서 온 부정적 유산, 데이터 부족에 의한 과소평가에서 비롯된다.[54] 알고리듬 편견은 인공지능 모델에서 보호하는 특징feature과 다른 인자 간의 상관관계에서 비롯될 수 있다. 예를 들어 미국에서는 인종 데이터를 쓰지 않더라도 지리적 데이터에 의존하면 묵시적으로 인종 데이터와 연관된다. 마찬가지로 대출 판단 모델에서 주소를 활용하면 사회 계층에 대한 차별이 반영될 수밖에 없다. 소수 인종이나 저소득층이 특정한 지역에 모여 사는 경우가 많기 때문이다.

학습 데이터에 의한 편향은 데이터에 내재한 편견이나 차별적 요소 때문인데 이를 적극적으로 제거하거나 완화하는 방식을 사용할 수 있다. 여러 기업에서 이러한 편향을 시각적으로 판단할 수 있는 도구를 제공하고 있다. 과소평가는 충분한 데이터가 없어서 신뢰할 수 없는 예측을 제공하는 경우이거나 편향성을 보이는 경우이다. 즉 데이터세트가 데이터의 미세한 의미를 포착할 만큼 충분하지 않은 것이다. 이는 데이터세트를 더 포괄적으로 보강하는 방법으로 해결해야 한다.

공정성 평가를 위해서는 우선 평가를 위한 지표를 수립해야 한다. 공정성 지표를 수립하기 위해서는 개별 수준의 차별과 집단 수준의 차별이라는 2가지 프레임워크로 접근할 수 있다. 개별 수준의 차별은 '일관성 또는 개별 공정성'으로 비슷한 사람은 유사한 결과가 나오게 해야 한다. 집단 수준에서의 차별은 '통계적 동등성'의 문제다. 개별 수준의 차별성을 명확하게 판단하기 위해서는 정의, 목적 함수, 제약 등을 명시하거나 설명 가능한 모델을 개발하는 것이 하나의 해결 방안이 될 수 있다. 기술적인 접근으로는 차별 위험을 평가하는 도구, 차별 위험을 완화하는 도구, 알고리듬을 감사하는 도구, 데이터 마이닝 모델과 사용자 인터페이스를 설명 가능하게 하는 방식이 있다.

집단 수준의 통계적 동등성은 비율에 초점을 맞출 수 있다. 예를 들어 장애가 있는 사람 중 장학금을 받지 못하는 사람의 비율이 장애가 없으면서 장학금을 받지 못하는 사람의 비율보다 훨씬 크다면 장애인은 차별을 받고 있다고 주장할 수 있다. 간단한 차별의 지표는 보호 집단을 비보호 집단에 대비함으로써 측정할 수 있다. 예를 들어 위험 차이, 위험 비율 또는 상대적 위험, 상대적 기회, 교차비 등을 측정할 수 있다.

공정성 판단의 또 다른 기준으로 사용되는 것은 평균의 차이, 회귀 계수 차이, 순위 검정, 산출물과 보호 속성 사이의 상호 정보, 설명 불가능성 차이(비보호 속성으로 구축된 예측 잔여), 일관성(최근접 이웃에 대한 예측 비교) 등이 있는데 국가에 따라 다르게 나타난다.[55] 2019년 ACM SIGKDD 콘퍼런스에서 마이크로소프트, 구글, 링크드인 연구자들이 발표한 「공정성 인지 머신러닝: 실제 도전과 학습한 교훈」 튜토리얼은 이러한 차별에 관련된 법률, 개념의 정립, 실제 사례, 교훈을 설명한 아주 유용한 자료다.[56]

데이터 편향은 크게 5가지 특성에 기인한 시스템 왜곡을 측정할 수 있다. 첫째로 모집단 편향은 데이터세트 또는 플랫폼에 표현된 사용자 집단과 표적 집단 사이의 인구 통계적 또는 다른 특성에서 차이를 가지는 경우다. 둘째 행위 편향은 사용자의 행위가 플랫폼이나 문맥에 따라 차이를 보이는 경우 또는 사용자가 다른 데이터세트에서 서로 다르게 표현되는 경우에 발생한다. 예를 들어 스마트폰의 이모티콘은 스마트폰 종류에 따라 서로 다른 감정 수준을 나타내며 사용자 리뷰는 사용 앱에 따라 인종별로 긍정/부정 표현이 다르게 나타날 수 있다. 셋째 콘텐츠 생산 편향은 사용자가 생성한 콘텐츠 내에서 어휘, 구문, 의미, 구조의 차이가 있다는 것이다. 넷째 연결 편향은 사용자 연결, 상호작용, 활동으로 조직된 네트워크의 특성이 다름에서 오는 편향이다. 마지막으로 시간적 편향은 시간에 따라 달라지는 모집단과 행위의 차이로, 사용자 구성 비율이 달라지거나 새로운 기

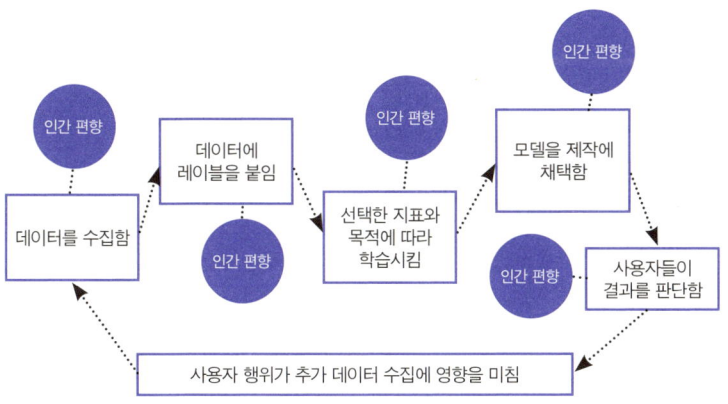

머신러닝 파이프라인에서 수시로 발생하는 공정성 문제

(출처: 구글 블로그)

능이나 기존 기능의 변경으로 인한 사용 패턴의 변화에서 비롯된다.

구글, 마이크로소프트, 페이스북, 아마존과 같은 테크 기업은 지금까지 거론한 공정성 문제를 해결하기 위한 기술을 개발하고 있다. 또한 연구자들이 공동 연구를 하기 위해 공정성을 검증할 수 있는 데이터세트를 만들어 공유하고 있다. 지난 3~4년 동안 주요 인공지능 기술을 개발하거나 서비스를 제공하는 기업들도 인공지능이 가진 편향성과 왜곡의 문제를 심각하게 받아들이기 시작했다. 2018년 구글은 인공지능 원칙을 공개하면서 두 번째 원칙에 '불공정한 편향을 만들거나 강요하는 것을 피한다.'라고 선언했다.[57] 2019년 12월에는 '공정성Fairness 인디케이터'라는 소프트웨어 베타 버전을 발표해 두 개의 집단 또는 다집단 분류를 위한 공정성 지표를 계산하거나 시각화할 수 있도록 했다.[58] 특히 머신러닝 개발을 위한 모든 과정에서 공정성 문제가 발생할 수 있다는 표를 제시해 이 문제를 전 과정에서 해결해야 함을 강조했다.

구글이 하는 연구 프로그램 중 하나는 '페어PAIR' 프로그램이다. 페어는 'People+AI Research'의 약자다. 인간 중심의 연구와 디자인으로 인공지능과의 파트너십을 생산적이고 즐거우며 공정하게 하자는 의미이다. 기계 지능과 인간의 상호작용의 전체 스펙트럼을 고려하면서 엔지니어가 인공지능과의 일상 경험을 이해하는 것을 지원하는 데 중점을 두고 있다.[59]

이 페어 프로그램을 통해서 개발된 것이 2018년 9월에 소개한 '왓이프 도구WIT, What-If Tool'다.[60] 이를 통해 데이터 편향과 머신러닝의 공정성 문제를 분석하고 개발자가 시각적으로 판단할 수 있도록 했다. 구글은 앞에서 얘기한 공정성 인디케이터 소프트웨어를 왓이프 도구와 통합해 공정성 검사, 비교, 조건법적 분석이 가능하게 했다. 이는 특히 대규모 데이터세트에서 매우 유용한데, 왓이프 도구로 더 깊은 분석을 하기 전에 문제가 되는 부분을 특정할 수 있기 때문이다.

왓이프 도구를 어떻게 사용할 수 있는가의 전 과정은 1994년 미국 센서스 데이터베이스에서 얻은 UCI 센서스 데이터세트를 이용해 보여주고 있다. 시각적 분석을 통해 학습 데이터세트에서 어떤 그룹이 덜 반영됐는지를 보여주며 다른 측정 지표를 통해 균일하지 않은 분포를 보이는 특성이 무엇인지 알 수 있게 해준다.

구글은 왓이프 도구의 유용성을 보여주기 위해 앞에서 얘기한 센서스 데이터 외에도 유명인의 얼굴 데이터, 아이리스 꽃 데이터, 프

구글 왓이프 도구의 사용 화면 모습

(출처: 구글)

로퍼블리카의 컴퍼스 데이터세트, 위키피디아 코멘트 데이터세트 등 다양한 데이터세트를 이용해 기능을 선보이고 있다.

또 다른 도구로 구글이 내부 연구 과제로 만들어 깃허브에 오픈소스로 공개한 'ML-페어니스-짐ML-Fairness-Gym'이 있다. 이는 머신러닝 기반 시스템을 사회적 환경에 채택한 이후 장기적 영향력을 살펴보기 위한 간단한 시뮬레이션을 구축할 수 있는 구성 요소로 이루어졌다.[61] ML-페어니스-짐은 오픈AI가 만든 짐 프레임워크를 사용해 의사결정 과정을 시뮬레이션함으로써 자동화 시스템의 장기 효과를 살펴보는 데 사용할 수 있다. 즉 인공지능이 제어하는 에이전트가 디지털 환경과 반복적으로 상호작용하고 단계마다 에이전트가 환경 상태에 영향을 주는 행위를 선택한다.

공정성을 고려할 때 대표적인 문제는 대출 문제다. 기본적으로 개

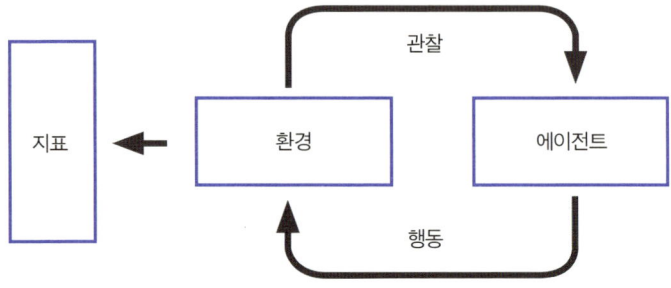

(출처: 깃허브)

인의 신용 점수에 기반해 자금을 빌려주면서 대출금 상환 가능성을 확률로 계산한다. 공정성을 원하는 은행은 이익을 극대화할 뿐 아니라 각 그 그룹에 기회의 평등을 만족시키면서 이익을 추구할 수 있다. 대출 문제에서 은행은 에이전트가 되며 대출 신청을 받아서 신청자의 신용 점수와 속한 집단을 환경에서 관찰이라는 방식으로 받는다. 그 후 대출을 승인하거나 거절하는 방식의 2가지 결정 형태로 행동을 취한다. 환경은 대출자의 대출 상환이나 채무 불이행을 모델로 하고 그에 따라 신용 점수를 조정한다. 이렇게 반복적으로 신청자가 속한 집단에 대한 은행의 공정성 정책의 장기적 효과를 시뮬레이션해 판단할 수 있게 한다.

마이크로소프트는 2018년 ICML에서 발표한 논문을 통해 페어런 fairlearn이라는 도구를 발표했다.[62] 여기에서 다음과 같은 4가지 데이터를 사용했다.

- 4만 8,842개의 데이터로 구성된 성인 소득에 대한 데이터세트로 특히 성별과 인종을 보호 속성으로 설정해서 소득에 관해 예측하도록 했다.[63]
- 프로퍼블리카가 만든 7,918개의 사례가 있는 컴퍼스 데이터다. 범죄 이력, 유치장과 교도소에서 보낸 시간, 인구 통계적 데이터, 컴퍼스 리스크 점수에 의해 재범을 예측하는 과제를 인종을 보호 속성으로 해서 수행했다.
- 2만 649개의 사례가 있는 로스쿨 입학 위원회의 변호사 시험 통과에 대한 종적 연구 데이터다. 어떤 사람이 변호사 시험을 통과할 것인가를 예측하는 판단을 인종을 보호 속성으로 해서 수행했다.
- 6만 420개의 사례가 있는 네덜란드의 인구 센서스 데이터세트다. 성별을 보호 속성으로 해서 누가 특별한 직업을 갖게 되는가를 예측하는 과업을 수행했다.

페어런은 파이썬Python 패키지로 시스템의 공정성을 평가하고 불공정을 완화할 수 있는 알고리듬을 제공한다. 현재 버전이 0.6으로 여전히 지속적으로 개발하고 있다.

페어런은 불공정을 사람에게 끼치는 영향, 특히 피해라는 측면에서 파악하는데 2가지 피해에 초점을 맞춘다. 첫째 할당 피해는 인공지능 시스템이 기회, 자원 또는 정보를 연장하거나 보류했을 때 생긴다. 이는 주로 취업, 학교 입학, 대출의 경우에 발생한다. 둘째는 서비스 품질 피해다. 할당 피해와 달리 기회, 자원 또는 정보를 연장하거나 보류하지 않아도 시스템이 다른 사람에게 한 것과 같이 어떤 사람에게 잘 작동하는가를 살펴보는 것이다.

여기에서 또 추구하고자 하는 것이 집단 공정성이다. 이를 위해 인공지능 시스템의 어떤 측면이 집단 간에 상호 비교적으로 공정한 행위를 하는가를 판단할 수 있는 여러 조건을 통해 공식화하도록 했다. 그러나 공정성은 근본적으로 사회기술적 도전이다. 그러다 보니 정의나 적법 절차와 같은 여러 측면의 공정성은 양적 지표로 파악하기가 쉽지 않고 또 많은 양적 지표를 동시에 만족하지 못할 때도 있다. 따라서 페어런 연구자들이 가진 목표는 서로 다른 완화 전략을 사람들이 평가할 수 있게 하고 시나리오에 따라 적절하게 절충안을 만들게 하는 것이다.

페어런 파이썬 패키지에는 두 개의 요소가 있다. 첫째는 대시보드로 어떤 집단이 모델에 의해 부정적 영향을 받는지 평가하고 다양한 공정성과 정확성 지표에 따라 여러 모델을 비교할 수 있는 시각 기능을 제공한다. 둘째는 다양한 인공지능 과업에서 불공정을 완화하기 위한 알고리듬을 제공하는데 여러 가지 공정성 정의에 따른 지표를 같이 제공한다. 인구통계학적 평등, 균등 배당률, 참/거짓 양성 비율, 오류율, 제한된 집단 손실 등 여러 가지 지표를 공정성 이론과 불공정성 지표에 기반한 수학 모델로 제시하고 있다.[64]

IBM은 공정성 측정과 완화를 위해 'AI 공정성 360[AIF 360]'이라는 도구를 제시했다. 기본적으로 오픈소스 소프트웨어이며 70개 이상의 공정성 지표와 10개의 편향 완화 알고리듬을 제공한다.[65] 편향 완화 알고리듬은 크게 학습 데이터에 있는 편향을 방지하기 위한 정보를 삽입하는 전처리 단계, 학습 과정에서 편향을 방지하는 단계, 학습 결과를 바탕으로 편향을 감지하고 완화하는 후처리 단계에 각각 적용한다. 또한 신용 점수 평가, 의료 경비 예측, 젠더에 따른 얼굴 이미지 분류를 위한 세 개의 튜토리얼을 제공한다.

　페이스북이 공정성 주제에 대응하는 기술은 2018년에 발표한 '페어니스 플로'[66] 도구다.[67] 앞에서도 간단히 언급했지만 이 도구는 특정 그룹의 모델이나 데이터 레이블이 어떤 성능을 보이는가를 진단하는 것이지 문제해결 도구는 아니다. 페이스북은 이 도구를 내부 제품 팀에서 새로운 제품을 개발할 때 사용하도록 하고 있다. 플랫폼에서 해로운 콘텐츠를 제거하는 엔지니어들뿐 아니라 인스타그램에서 얻는 사람들의 경험과 제품 개발 과정에 존재힐 수 있는 잠재적 불평등을 점검하는 공정 팀에서 사용함으로써 자사의 플랫폼과 기술이 모든 사람에게 더 좋은 결과를 제공하도록 하고 있다고 주장한다.

　초기 작업에서는 학습된 머신러닝 모델에 관한 필요한 정보를 제공함으로써 의도하지 않은 결과나 편향 문제가 발생하는 것을 최소화하기 위해 구글이 제시한 '모델 카드' 방식을 활용해 모델의 편향 평가를 추가해 사용했다. 이제는 페어니스 플로 도구를 통해 광고 시스템에 영향을 미칠 수 있는 잠재 오류를 더 잘 이해하게 됐다고 한다. 페이스북의 책임감 있는 인공지능 연구자나 엔지니어는 회사에서 활용할 수 있는 공동의 최선 실행 결과를 개발하고 있다. 그리고 이를 기반으로 제품 팀이 적절한 프레임워크 개발과 공정성 측정, 제품 개선을 위한 전략을 조언하고 있다.

페어니스 플로의 핵심은 파이썬 라이브러리이다. 모델에 대해서는 예측, 레이블, 집단 소속(젠더 또는 나이), 샘플링 가중치에 대한 데이터세트를 요청하는 간단한 API를 제공한다. 데이터 레이블에 대해서는 레이블, 그라운드 트루스Ground Truth, 집단 소속, 샘플링 가중치를 제공한다. 분류기나 회귀 모델에 대해서는 메타데이터와 원하는 지표를 제공한다. 결과를 얻는 방식으로 API에는 2가지 옵션이 있다. 첫째 유용한 지표, 통계적 신뢰와 검정력, 결과를 해석하는 방법에 관해 서술한 종합 보고를 받을 수 있다. 둘째 지속적인 모니터링을 위해서 지표를 데이터베이스에 저장할 수 있다.

기본적으로 인공지능 모델의 일부는 결과가 참인지 거짓인지, 가능성이 큰지 낮은지, 긍정적인지 부정적인지를 예측하도록 디자인한다. 이는 통계적 모델에 기반을 둔다. 따라서 결과에 오류가 생길 수 있는 것은 피할 수 없는 한계이다. 중요한 것은 이런 시스템 오류가 집단에 따라 다르게 영향을 받거나 시스템 성능을 측정하는 방식이 집단에 따라 다른가를 파악하는 것이다. 페어니스 플로는 이를 확인하기 위해 모델이 사용하는 데이터를 연관 집단으로 나누고 모델의 성능을 집단별로 따로 계산한다. 예를 들어 각 집단의 사례 개수를 검사하는 지표가 있다. 이 지표의 목적은 각 집단에서 동일한 숫자의 사례를 뽑는 게 아니다. 모델이 각 집단에서 얻은 데이터세트

안의 집단에 관해 충분한 표현을 하는가를 판단하는 것이다.

집단별 성능 차이가 나타나면 제품 팀과 모델 엔지니어가 차이의 원인을 이해하고 모델이 사용된 상황이 무엇인지를 더 깊게 파악하도록 한다. 그 차이는 학습 데이터가 충분하지 않거나 사용한 데이터가 충분한 특징 세트를 포함하지 않은 것일 수도 있고, 모델이 미처 포착하지 못한 다른 행위를 특정 그룹이 보이고 있기 때문일 수 있다.

인공지능 모델이 학습을 수행할 때 활용하는 레이블 역시 여러 사람의 개별적 결정의 결과물인 경우가 종종 있다. 그 때문에 사람이 붙인 레이블에는 편향이 있을 수밖에 없다. 페어니스 플로는 2가지 값을 갖는 2진 레이블을 평가하는 데 사용할 수 있다. 작업자가 붙인 레이블을 페이스북 내부의 전문가나 경험이 많은 작업자에 의한 고품질 레이블과 비교해 결과를 검증할 수 있다.

예측 모델과 마찬가지로 각 집단에서 얻은 콘텐츠를 레이블 지표로 나누고 각각의 정확도를 측정하는 데 고품질의 그라운드 트루스 레이블과 비교하면서 레이블의 오류 특성과 분포를 파악할 수 있다. 이때 차이를 단순하게 측정하는 대신에 '시그널 탐지 이론 Signal Detection Theory'을 이용해 어떤 집단의 콘텐츠에 레이블을 붙이기 어려운 정도와 레이블 작업자가 사용하는 서로 다른 임곗값과 같은 새로운 지표를 사용한다. 전자는 레이블 작업자가 특정 집단에서 얻은 콘텐츠에 붙인 레이블을 시스템적으로 신뢰할 수 없다는 뜻이다. 후자는 작업자마다 서로 다른 표준을 사용한다는 뜻이다.

아직은 페어니스 플로를 모든 인공지능 모델에 적용할 수 없지만 페이스북의 제품 팀이 모두 사용할 수 있고 그 사용 결과를 모두 공유하고 있다. 궁극적으로는 제품에 관한 전문성과 사용자 경험 연구를 통해 사용자와 커뮤니티를 더 잘 이해하는 것이 필요하다. 그러나 사용 문맥이 중요하기 때문에 제품 팀은 페어니스 플로가 제시하는 공정성의 다면 지표를 기반으로 자신의 문맥에 적합한 측정 기준에 대한 성능을 파악하고 대응을 결정하고 있다.

인공지능 연구자들은 인공지능이 가진 편향성 문제를 제거하기 위해 노력해왔다. 최근 구글 브레인, 인텔, 오픈AI, 그리고 미국과 유럽의 학자들이 공동으로 제시한 툴박스를 통해서 그 결실이 나타나고 있다.[68] 2019년 4월 샌프란시스코에서 열린 워크숍에서 35명의 다양한 분야 전문가들이 제안한 방안은 과거 보안 소프트웨어에서 사용한 방식과 같이 개발자들이 특정 인공지능 소프트웨어에서 편향을 발견하면 보상을 제공하자는 것이다. 결함이나 취약성을 발견하면 독립적인 제3의 감사기관에 연결하고 정부가 이에 대한 적절한 규제 정책을 만들어낼 것을 촉구했다. 이는 2018년에 미국 방위고등연구계획국 DARPA의 전 국장인 리기나 두건 Regina E. Dugan이 보안 분야처럼 레드 팀과 블루 팀을 통해 인공지능 시스템의 취약점을 찾아내자는 주장과 일맥상통하는 방안이다.

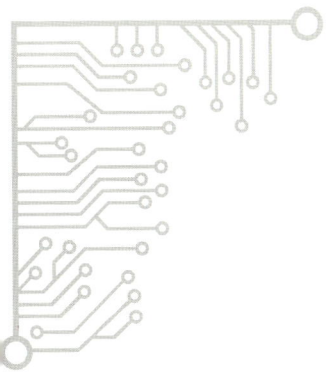
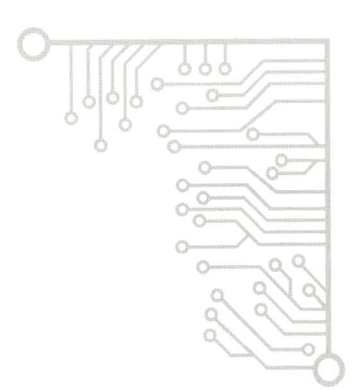

6
마치며

공정성 문제는 기업이 가장 예민하게 대응하는 이슈다. 알고리듬이나 데이터 편향으로 유발된 오류가 기업에 대한 이미지와 평판의 훼손 소송과 같은 법적 위기만이 아니라 정부에 의해 제재를 받을 수 있는 위험이 크기 때문이다.

공정성을 위한 연구에는 다양한 전문가가 참여해야 한다. 단지 머신러닝이나 데이터 사이언스 전문가만이 공정성 문제를 정확하게 판단하는 것은 아니다. 공정성 평가 연구에는 공정성 문제 전문가, 사용자를 대상으로 하는 연구자, 프라이버시 전문가, 법률가, 사회과학자 등 여러 분야의 전문가가 협력해야 한다. 연구팀 자체의 다양성 역시 중요하게 고려해야 하는 사항이다.

국내의 경우 최근 2~3년 동안 정부가 나서서 많은 데이터세트를 구축하고 지원하고 있다. 현재는 데이터세트 자체의 품질 문제에 많은 관심을 갖고 재점검하고 좀 더 좋은 품질의 데이터세트를 만드는 데 더 큰 노력을 기울이고 있다. 하지만 그 안에 성별, 지역, 계층, 인종에 따른 차별이 있을 수 있음을 간과하고 있다. 요즘 많은 기업이 채용에 인공지능 기술을 사용하고 있다. 이 경우에도 모델이나 학습 데이터가 기존에 뽑았던 직원 데이터를 기준으로 돼 있다면 그 안에 많은 편향과 왜곡이 숨어 있을 가능성이 크다.

해외에서는 기업이 차별 금지법 때문에 매우 민감하게 대응하고 있다. 하지만 아직 우리나라는 기본적으로 입법화돼 있지 않아 적극 대응을 단지 사회 윤리나 규범에 맡겨야 한다. 그 때문에 공정성 문제를 풀어나가는 데 어려움을 겪고 있다. 공정성은 문맥에 따라 매우 다른 지표로 측정할 수 있기 때문에 지표 수립에 참고할 수 있는 연구를 선행해야 한다. 기업이 인공지능 모델을 적용할 때 이런 지표에 따라 성능을 평가하기 위한 프레임워크 개발도 시급하다. 현재 국내에서는 카이스트의 인공지능공정성연구센터를 중심으로 모델과 학습 데이터의 편향성에 대한 분석-탐지-완화 또는 제거를 지원하기 위한 프레임워크를 연구하고 있다. 이 영역에서 우리가 연구개발해야 하는 주제는 편향을 제거하는 기술, 공정성 평가 기술, 편향성을 시각화하는 기술, 통계적 공정성 확보 기술, 데이터 편향 원인 분석을 위한 기술 등 다양하다.

아직은 기업이 제공하는 도구는 인공지능 개발 과정에서 개발자들이 편향의 문제를 탐지하고 불공정 문제를 완화하도록 도움을 주는 소프트웨어 수준에 머물러 있다. 앞으로는 공정성 평가를 위한 인공지능 감리 방식을 수립하고 검증한 후 일반 사용자를 대상으로 서비스를 제공할 수 있게 해야 한다. 특히 금융, 복지, 공공 서비스, 의료 등의 부문에 이런 문제가 더 심각할 수 있으므로 부문별 기준을 마련해야 한다. 즉 개발자, 사용자, 관리 감독기관 등이 모두 자기의 관점으로 공정성을 검증하고 판단할 수 있는 포괄적인 프레임워크가 필요한 것이다.

지금은 인공지능 시스템의 결과가 공정한가에 대한 검증을 모델과 데이터의 편향성 문제로 접근하고 점검하기 위한 다양한 기술 도구를 개발하고 적용하는 단계이다. 앞으로는 인공지능이 사회 규범을 따르고 우리가 생각하는 보편적 윤리를 준수하는가를 살펴봐야 한다. 다음 장에서 인공지능이 도덕적 판단을 하거나 윤리 모델을 갖출 수 있는가에 대한 주제를 다뤄보고자 한다.

3장

인공지능의 윤리성

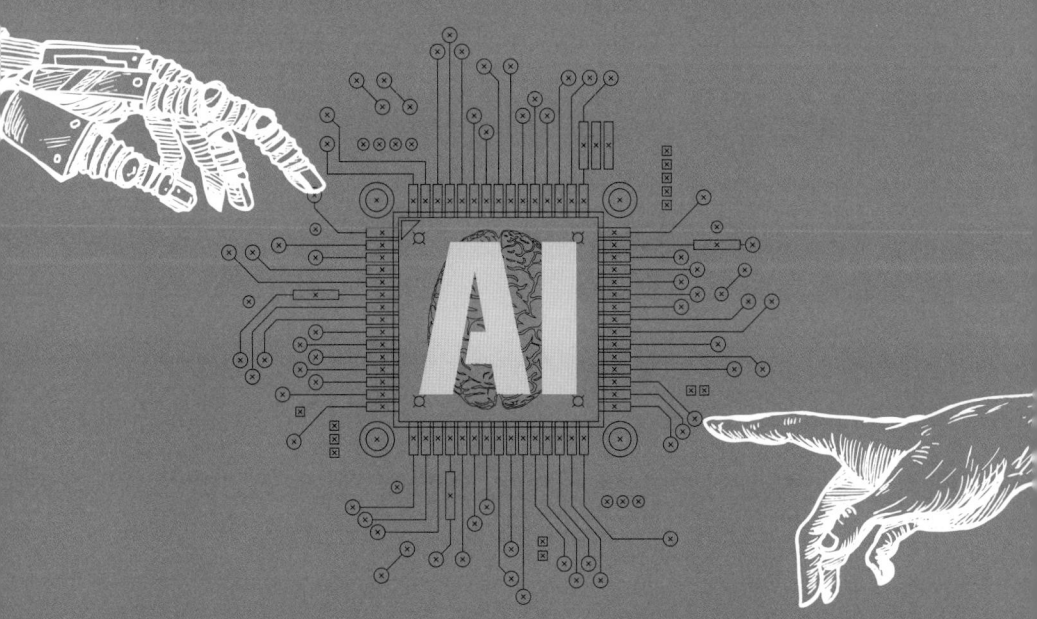

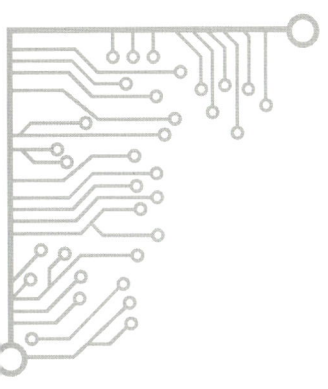

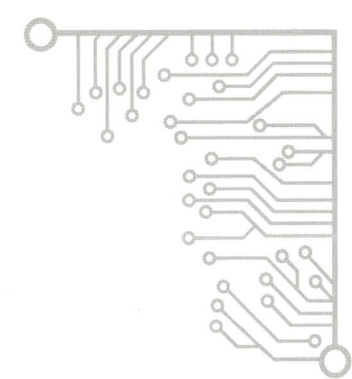

"다시 맴돌기 시작한 거지. 제2원칙을 밀고 제3원칙을 당길 순 있지만 이런 방식으론 아무 소용없어. 평형 상태를 이루는 지점만 바뀔 뿐이야. 두 가지 원칙에서 완전히 벗어나야 해."

— 아이작 아시모프, 『스피디 - 술래잡기 로봇』

우리 사회는 팬데믹 시대를 맞아 이런 논의를 많이 하게 됐다. '누구부터 백신을 맞게 할 것인가?' '어떤 환자를 먼저 치료하는 것이 옳은가?' '자영업자 피해 보상이 중요한가 아니면 전 국민 지원을 우선해야 하는가?' '마스크나 주사기 같은 의료용품을 다른 나라에 지원하는 것은 어느 상황에서 가능한가?' 과연 어떤 의사결정이 옳을까? 지금은 사람들이 모여서 다양한 협의와 의견 수렴을 거쳐 의사결정을 하고 있지만 앞으로 인공지능이 하게 된다면 어떻게 될까? 인공지능이 사회에서 널리 동의를 받을 수 있는 방식으로 의사결정 과정과 결과를 보여주도록 하고 이를 사람들이 검토하게 할 수 있을까?

인공지능 시스템이나 로봇이 도덕 기계가 될 수 있는가에 대한 논의는 인공지능 초기부터 거론됐다. 사실 인공지능 시스템이 윤리적 판단을 하지 않는다고 하더라도 시스템이 어떤 상황에서 행동과 판단을 한 것이 외부에서 관찰할 때는 윤리적 판단을 하는 것으로 해석할 수 있다. 그 때문에 인공지능 윤리 문제는 매우 중요한 연구 주제다. 지금까지 발표한 인공지능의 신뢰성과 관련된 가이드라인과 선언과 백서는 인공지능 윤리 문제를 핵심 과제 중 하나로 선정해왔다.

자동화된 시스템이 어떤 의사결정을 내리는 경우, 지금까지는 인간이 의사결정 과정에 존재하거나 최종 의사결정자였다. 그러나 자동화의 수준이 고도화되면서 인간이 배제된 환경에서 내린 판단이 인간 사회의 가치와 일치하는가를 확인해야 한다. 그러나 인공지능의 윤리라고 할 때는 공정성이나 사회적 영향 자체에 대한 윤리 문제를 모두 포괄해서 다루는 경우가 많다. 따라서 인공지능의 윤리라는 주제는 매우 다양한 측면을 갖고 있다. 이 장에서는 인공지능 시스템 안에 어떤 윤리적 판단을 위한 추론 과정이 명시적으로 또는 묵시적으로 들어 있는 사례, 데이터 학습을 통해서 윤리적 판단 원칙을 획득하는 사례, 그리고 연구자와 개발자의 윤리를 주로 다루고자 한다.

이러한 사례와 문제들은 인공지능 시스템 안에서 윤리적 판단이 이루어질 수 있는가, 기계가 인공 도덕 행위자AMA, Artificial Moral Agent가

될 수 있는가에 대한 논의로 자연스럽게 이어진다. 어떻게 이를 구체적으로 구현할 수 있는 것인가에 대한 연구 현황도 함께 소개하고자 한다. 특히 실생활에서 올바른 판단이 무엇인지, 어떤 판단이 사회적으로 더 올바른 판단이라고 해석될 수 있는지, 잘 알기 어려운 윤리적 딜레마 문제를 인공지능이 어떻게 풀어야 하는지 등을 주요 사례로 다루고자 한다.

최근 자율주행 자동차의 실용화가 가까운 미래에 이루어질 수 있다는 상황은 기계의 판단이 사회의 윤리적 판단이나 가치 시스템과 일치할 수 있는가에 대한 학술적, 사회적, 법률적 논의를 이끌었다. 이러한 기술 구현이 어떻게 이루어지고 누가 구현을 검증할 것인가라는 질문은 새로운 기술 기반과 체계의 개발이 필요하다는 인식을 하게 한다.[1]

자율주행차가 점점 일반 도로에 나타나고 실제 서비스가 가시화되면서 예상하기 어려운 위급한 사태(예를 들어 브레이크 고장 등)에서 어떤 판단을 해야 할까 하는 문제는 윤리학에서 고전적인 '트롤리 딜레마Trolley Dilemma'*에 빠질 수 있다. 이런 상황을 예상해서 인공지능이 어떤 판단을 해야 사회적으로 옳은 것인가 하는 주제는 학자들에게 새로운 과제를 제공했다.

아실로마 23원칙을 비롯해 다양한 기관에서 원칙을 정하면서 '인

---

* 영국의 철학자 필리파 풋Philippa Foot이 제시하고 여러 학자가 체계적으로 분석한 도덕적 딜레마 문제를 말한다. 대표적인 사례는 '트롤리가 선로를 따라 달려오고 있고 선로에는 다섯 사람이 있다. 당신은 선로 밖에 서 있고 다섯 사람을 구하기 위해서는 선로전환기를 당겨야 한다. 하지만 그럴 경우 다른 선로에 있는 사람이 죽게 된다. 선로전환기를 당기는 행위는 도덕적으로 허용되는가?'와 같은 문제다.

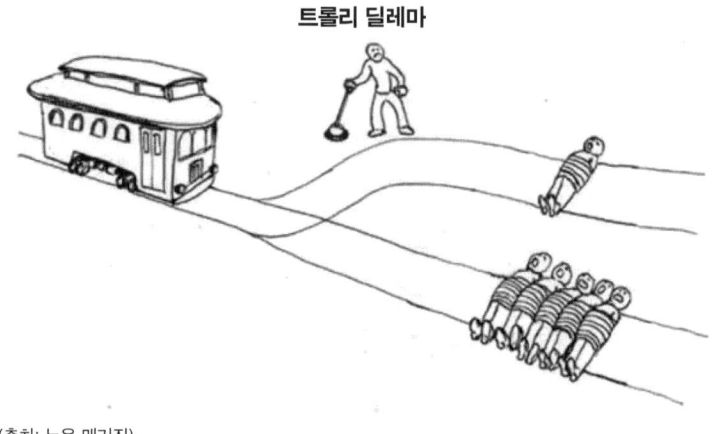

(출처: 뉴욕 매거진)

간의 가치와 부합하는 결정을 해야 한다.'라고 언급했다고 할지라도 기술적으로 구현되지 않으면 아무 도움이 되지 않는다. 인간의 가치 시스템이 무엇인지 어떻게 기계가 알게 할 수 있을까? 실제 어떤 가치 시스템이 우리가 모두 동의하는 시스템이 될 것인지를 정하기도 어렵다.

때로는 간단한 응용이 일반 시민 모두에게 제한 없이 사용되는 경우 전혀 예상하지 못한 결과가 나타날 수 있다. 앞 장에서 소개한 마이크로소프트의 '테이'와 국내 '이루다' 챗봇 중단 사례는 인공지능 서비스가 사회 윤리에 반할 수 있다는 가능성을 보인 가장 대표적인 경우다. 이는 지능형 시스템이 '인간 파트너를 통해서 학습할 경우, 인간 파트너에 의해 문제를 일으킬 수 있음'을 바로 보여준 것이다. 또는 어떤 데이터세트를 통해서 학습하는 경우 그 데이터세트에 포함된 편견과 차별을 분별력 없이 받아들일 수 있는 맹점이 있음을 보여준 것이다.

학습 데이터의 문제만이 아니라 인공지능 시스템을 구성하는 다양한 알고리듬에 명시적으로 또는 묵시적으로 내포된 가치 기준은 사회 일부 구성원의 왜곡된 가치관을 담을 수 있다. 이를 활용하는 사람들의 윤리적 행동 역시 인공지능 시스템의 사회적 영향에 있어 원하지 않는 결과를 가져올 수 있다.

무엇이 옳고 그른 것인지 명확하게 판단하기 어려울 경우에도 인공지능은 어떤 예측을 하거나 판단을 해야 하는 경우가 많다. 그래서 이 문제가 쉽지 않다. 실제로 인간은 많은 상황에서 윤리적 딜레마에 빠질 수 있다. 그럼에도 인공지능이 자동화된 판단을 내려야 한다면 사회 규범과 다수의 가치 기준에 부합하게 해야 한다.

인공지능 윤리에 대해서 우리가 얘기하기 위해서는 인간 사회의 윤리 원칙과 기준이 다양한 분야에서 어떻게 연구돼왔는지를 알아야 한다. 이는 근본적으로 인공지능 연구자가 철학자, 윤리학자, 인지과학자, 심리학자 등과 함께 논의하고 검토해야 할 사안이기 때문이다. 윤리학은 인류 사회 초기부터 논의된 가장 오래된 학문이다. 인공지능 연구자가 이를 다 이해하고 연구의 기반으로 삼기는 쉽지 않다. 그러나 인공지능 연구자가 상식적으로 파악하거나 자신의 연구 기반으로 삼아야 하는 중요한 관련 연구 흐름을 알아둘 필요가 있다.

1
철학, 인지과학, 심리학에서는 어떻게 논의되고 있는가

그동안 철학에서 윤리에 대한 접근 방식은 칸트의 의무론적 접근, 벤담과 흄의 공리주의적 접근, 그리고 아리스토텔레스의 덕 윤리적 접근으로 크게 나눌 수 있다. 어떤 한 이론에 모든 윤리학자가 동의하는 것은 아니다. 특히 인공지능이 여러 영역에 적용되기 때문에 때로 그 영역에 특별히 적용해야 하는 응용 윤리 기준도 고려해야 한다. 인공지능 연구자들은 자신들이 좀 더 관심이 있는 이론이나 구현 가능성이 큰 이론을 따르면서 철학자들의 접근에 대응하고 있다.

예를 들어 칸트의 의무론적 접근에 기반한 연구는 우리가 반드시 지켜야 하는 보편타당한 도덕 규칙이 있다는 가정하에 인공지능 시스템에 도덕 규칙을 집어넣거나 학습하게 만들어야 한다. 그러나 보편타당한 도덕 규칙을 누가 결정하고 어떻게 동의를 얻을 것인가는 또 다른 논쟁거리가 될 수 있다. 다만 시스템에 그런 기능을 제공하고 나머지는 사용자 그룹에서 정의해 추가하는 방식을 선택할 수 있다.

공리주의적 접근은 결과주의이기 때문에 가장 올바른 윤리적 선택은 행위자가 얻을 수 있는 유틸리티라는 효용이 극대화하도록 하는 것이다. 이런 접근 방식은 대체로 인공지능 행위자가 선택한 결과의 효용을 계산하는 모델을 통해 가장 최대의 효용을 얻을 수 있는 선택을 취하는 방식으로 시스템을 디자인하는 것이다.

덕 윤리학이라고도 부르는 아리스토텔레스의 윤리관은 규칙이나 행위의 귀결을 강조하는 것이 아니라 얼마나 좋은 인간이 돼야 하는가에 초점을 맞추면서 지속적 실천이나 행위자의 품성을 중시한다. 그래서 인공지능 시스템에서 채택하기 어려운 점이 많다. 이런 이유로 대부분의 인공지능 윤리 모델은 의무론이나 공리주의에 기반을 두고 하나의 모델로 접근하거나 이 둘을 결합한다. 만약 인공지능 행위자가 지속적으로 인간의 좋은 행위를 확인하고 이를 바탕으로 자신의 윤리 규칙을 학습해 나간다면 어느 정도 덕 윤리적 접근으로 생각할 수도 있다.

인공지능 윤리 연구에서 철학자가 참여해 중요한 방향을 제시한 것은 2011년 인류의미래연구소FHI의 닉 보스트롬과 엘리저 유드코프스키가 발표한 『인공지능의 윤리학』이라는 철학적 에세이다. 이들은 지능형 기계의 윤리는 인간과 도덕적으로 관련 있는 다른 존재에게 해를 끼치지 않음을 보장하는 것뿐만 아니라 기계 자체의 도덕적 지위와도 관련이 있다고 했다.[2]

특히 인공 마음을 구현하는 윤리 원칙을 통해 인공지능 같은 시스템이 어떤 특질qualia을 갖고 있다면 도덕적 상태를 가질 수 있는가를 추론하고, 두 개의 존재가 구현에 사용한 기질substrate이 다르더라도 같은 기능이나 의식적 경험을 갖는다면 도덕적 상태를 가질 수 있다고 주장했다. 이는 인간과 기계가 기질이 다르더라도 기능이나 경험이 유사하다면 기계가 도덕적 상태를 가질 수 있음을 논증하고자 한 것이다.

그러나 보스트롬과 유드카우스키는 현재의 인공지능 수준이 아니라 범용 인공지능의 문제에 더 초점을 맞추었고 지금의 인공지능이 어떤 도덕적 상태를 갖는다고 말할 수 없다고 했다. 어떤 존재가 도덕적 상태를 갖추려면 고통이나 아픔을 느낄 수 있는 특질을 보일 수 있는 감성sentience과 자기 인식과 이성 반응 에이전트와 같은 더 높은 지능과 관련한 일련의 역량인 지혜sapience를 갖춰야 한다고 주장했다.

인공지능에 대한 철학적 논의는 윤리학, 과학철학, 정보철학을 중심으로 활발하게 이루어지고 있다. 인공지능 기술 자체는 컴퓨터 공학자들이 주도하지만 인간과 사회에 미치는 인공지능 기술의 영향력을 고려한다면 철학자들의 관심은 자연스러운 현상으로 보인다. 루치아노 플로리디Luciano Floridi는 정보철학계의 중심에 있는 학자다.[3] 그는 저서『인공지능의 철학The Philosophy of AI』과『정보의 윤리The Ethics of Information』를 통해 탈인간 중심적 정보철학을 제시한다. 플로리디는 정보 중심 사회에 걸맞은 새로운 철학의 필요성을 제기하며 기존의 윤리학은 지나치게 인간 중심적이고 행위자 중심적인 논의여서 정보 중심 사회에서 직면하게 될 다양한 윤리적 문제들을 고려하는 데 어려움이 있다고 지적한다.

그는 행위자 중심의 윤리가 아니라 피동자 중심patient-oriented과 존재 중심ontocentric의 윤리학을 통해 정보 세계에 존재하는 다양한 정보 유기체를 포괄하고자 시도했다. 또한 자신의 정보윤리학을 자원으로서의 정보, 환경으로서의 정보, 산물로서의 정보를 모두 포괄하는 거시윤리학macroethics이라 명명하고 통합적이고 체계적인 정보 윤리를 시도했다. 국내 철학자들 또한 인공지능이 제기할 윤리 문제에 관심이 뜨겁다.[4,5] 철학자들은 인공지능 기술이 고도화될수록 일상적인 환경에 적용될 것이므로 어떻게 인공지능을 윤리적으로 설계해야 하는지, 인공지능의 윤리적 영향력을 어떤 기준으로 판단해야 하는지 면밀하게 검토해야 한다고 주장한다.

사실 기계 윤리 영역에서는 인공지능 윤리보다 로봇에 대한 윤리 원칙과 같은 주제가 좀 더 먼저 논의돼왔다. 캘리포니아 폴리테크닉 주립대학교 철학과 교수인 키스 애브니Keith Abney는 로봇 윤리학에 포함해야 할 3가지 주제를 다음과 같이 제시했다.

- 로봇 공학자의 전문가적 윤리
- 로봇 안에 프로그램된 모럴 코드
- 로봇에 의해 윤리적 추론이 이루어질 수 있는 자기 인식 능력을 의미하는 로봇 윤리

전문가적 윤리는 인공지능 전문가와 개발자가 갖추어야 하는 윤리 원칙을 의미한다. 아실로마 23원칙이 대표적이다. 23개의 원칙 가운데 12개는 윤리와 가치에 관련된 원칙이다.

그러나 우리의 관심은 개발자와 연구자 등 전문가 윤리를 확립하는 것보다 인공지능 시스템 안에 윤리 모듈 또는 윤리 코드를 구현하는 문제에 있다. 이때 가장 먼저 떠오를 수 있는 방식은 보편적인 윤리를 규칙으로 설정해보는 것이다. 이는 칸트의 의무론적 윤리를 구체화하는 방식이 될 것이다.

의무론적 접근 방식에서 우리에게 가장 널리 알려진 사례는 SF 작가 아이작 아시모프 Isaac Asimov의 소설 『아이, 로봇I, Robot』에 수록된 단편 「술래잡기 로봇Runaround」에서 제시한 '로봇 3원칙'이다.[6]

- 1원칙: 로봇은 인간에게 해를 가하거나 혹은 행동을 하지 않음으로써 인간에게 해가 가도록 해서는 안 된다.
- 2원칙: 로봇은 1원칙에 어긋나지 않는 한 인간의 명령에 복종해야 한다.
- 3원칙: 로봇은 1, 2원칙에 어긋나지 않는 한 자기 존재를 보호해야 한다.

그러나 아시모프 본인의 작품과 여러 영화에서 이 원칙 자체가 모순을 드러내거나 부조화를 만들어내 혼란을 일으킬 수 있다는 것이 지적돼왔다. 아시모프의 로봇 3원칙은 사실 제1원칙부터 어려운 문제를 안고 있다. 일단 '인간'을 어떤 개념으로 정의할 것인가부터 쉬운 문제가 아니다. 과거 인류는 다른 인종을 인간과 다르다고 분류한 적이 있고, 앞으로는 생물학적 특징만으로 인간을 정의하기가 어려워질 수 있기 때문이다. 로봇에 이런 개념을 코딩하는 것이 쉬운 일은 아니다.

또한 '해를 가한다.'라는 것을 판단하려면 우선 그 행동의 결과가 누구에게 해가 될 수 있는지를 알아야 한다. 하지만 모든 상황을 정확히 판단한다는 것은 불가능한 일이다. 로봇이 주변의 인간에게는 해를 가하지 않아도 지구 어딘가에 있는 다른 인간에게 해를 끼칠 수도 있다. 이를 계산할 방안이 없다.*

인공지능 윤리 연구에서 가장 많은 학자가 접근한 방식인 결과주의적 윤리 또는 공리주의 역시 완전한 해결책을 제시하지 못한다. '최대 다수의 최대 행복'이라는 표현에는 모든 사람의 행복을 어떻게 정량화할 것인지, 사람의 행복은 동등한지, 모든 가능한 행동을 어떻게 계산해서 결과를 예측할 것인지 등에 대해 적절한 대답이 없다는 한계가 있다. 그 계산의 기간을 언제까지로 해서 결과를 생각해야 하는지도 판단하기 어렵다. 비용과 효과로 분석한다고 해도 인간의 도덕적 가치를 경제적 가치로 환산할 수 없다는 반론에 부딪힌다.

이런 어려움과 한계를 인식하면서, 최근 인공지능 윤리 연구자들은 인지과학과 심리학의 연구 결과를 연구의 기본 프레임워크로 활

---

* 나중에 아시모프는 제로 법칙을 도입해 로봇이 인류에게 해가 돼서는 안 되고, 행동하지 않음으로써 인간에게 해를 끼치면 안 된다는 법칙을 추가했다.

용하는 경우가 많아지고 있다. 그 가운데 중요하게 사용되는 대표적인 인지심리학 연구는 조너선 하이트Jonathan Haidt의 사회적 직관주의Social Intuition 이론이다. 그의 이론은 합리주의의 주류 심리학자인 로런스 콜버그Lawrence Kohlberg의 도덕 발달 이론[7]이 가진 한계에 대한 반론이다. 콜버그는 이성에 의한 추론 능력 발달을 통한 도덕성 발달을 당위적이라고 주장했다. 도덕을 정당화할 수 있는 유일한 요소가 보편타당한 도덕 원리이며 이성적 추론이 도덕성의 핵심이라는 것이다. 그의 주장은 칸트의 의무론적 윤리 철학과 만난다.

하이트는 2001년 그의 논문에서 도덕적 추론에 따라 도덕적 판단이 이루어지는 것이 아니라 먼저 도덕적 직관에 관한 빠르고 자동적인 평가가 이루어지고 그 결과로 도덕적 판단이 이루어진다고 주장했다.[8] 도덕적 판단이 이루어지고 난 뒤인 사후post-hoc에 합리화하는 도덕적 추론이 구성된다는 것이다.

그는 개인에 의한 개별 추론보다는 사회적, 문화적 영향력의 중요성을 강조하기 때문에 사회적 모델이며 직관을 강조했다는 점에서 사회적 직관주의 모델이라고 불렀다. 그리고 이 모델이 최근에 이루어진 사회적, 문화적, 진화론적 연구와 생물심리학, 인류학, 영장류학의 연구 결과와 더 일치한다는 점을 강조했다.

그의 모델은 네 개의 주요 링크 또는 과정으로 이루어진다. 첫째 직관적 판단 링크, 둘째 사후 추론 링크, 셋째 추론된 설득 링크, 넷째 사회적 설득이다. 여기에 본인의 생각을 변경할 수 있는 개별적 추론이 관여할 수 있다는 차원에서 다섯째 추론된 판단 링크, 여섯째 사적인 반성적 사고 링크를 더해 모델을 완성했다.

2017년 『인지Cognition』 학술지에 출간된 「상식적 도덕 이론 학습Learning a commonsense moral theory」이라는 논문 역시 여러 인공지능 윤리 연구자들이 참고하는 연구다. MIT의 뇌인지과학과 교수인 맥스 클라이만 와이너Max Kleiman-Weiner, 레베카 색스Rebecca Saxe, 조슈아 테넨바움Joshua Tenenbaum이 함께 쓴 이 논문에서 도덕 학습의 구조와 다이내믹스를 이해하기 위한 계산적 프레임워크를 소개하고 있다.[9]

그들은 도덕 학습을 3가지 구성 요소로 설명한다. 첫째는 추상적이고 재귀적인 유틸리티 계산이다. 이는 도덕적 가치를 유틸리티 함수로 표현하며 하나의 에이전트가 다른 에이전트의 유틸리티를 자신의 유틸리티 함수에 대한 직접적인 공헌자로 계산하고 이를 재귀적으로 실행하는 것을 말한다. 둘째는 계층적 베이지안 추론으로, 하나의 에이전트가 다른 사람의 행위를 관찰하면서 추상적인 원칙에 부여한 가중치를 계층적 베이지안 추론 메커니즘을 통해 빠르고 신뢰할 수 있게 추론하는 것을 말한다. 이를 통해 도덕 학습이 추상적 도덕 원리에 대한 가치 수준으로 가능하게 했다. 셋째는 가치 정합을 통한 학습으로 학습자가 자신의 가치 판단을 다른 사람들의 가치와 부합하는 메타-가치에 의해 설정하는 것이다. 이 연구는 아이들의 도덕 학습 과정이나 사회가 세대를 거쳐서 도덕 시스템이 변화하는 과정에 대한 다이내믹스를 설명하기 위한 학습 프레임워크를 만들려고 한 시도에서 나왔다.

뇌과학 연구자들 역시 인간의 윤리적 판단이 어떻게 뇌에서 이루어지는지를 연구하고 있다. 저명한 뇌과학자인 마이클 가자니가 Michael S. Gazzaniga는 저서 『뇌는 윤리적인가』에서 진화심리학자들은 도덕적 추론이 인간의 생존과 번성에 도움을 준다는 결론을 내리고 있다고 언급한다.[10] 그러나 그는 감정 처리를 할 때 활성화되는 뇌 부위가 어떤 도덕적 판단을 하는가에 따라 활성화되거나 활성화되지 않음을 밝힘으로써 현대의 영상 기술로 도덕적 추론을 설명할 수 있을지에 대해 질문을 던진다.

그는 도덕적 인지는 도덕 감정, 마음 이론, 추상적 도덕 추론이라는 3가지 주제를 통해 접근해야 한다고 본다. 행동의 동기가 되는 도덕 감정은 기본 충동을 조절하는 뇌줄기와 대뇌변연계 축에 의해서 주로 움직인다고 본다. 마음 이론은 도덕적 추론에 본질적인데, 거울 뉴런, 안와전두피질, 편도의 내측 구조, 위관자고랑이 마음 이론을 처리하는 곳으로 알려졌다. 추상적 도덕 추론은 여러 뇌 시스템을 복합적으로 사용한다는 것이 뇌 영상 분석으로 밝혀졌다. 그러나 뇌과학자의 윤리 연구는 뇌가 어떻게 도덕적 판단을 하는가에 관한 연구이기 때문에 인공지능 연구에 직접적인 연구가 되기에는 거리가 있다.

이와 같이 인공지능 윤리 모델을 연구하기 위해서는 철학, 윤리학, 인지과학과 심리학, 뇌과학의 연구 흐름을 참고로 하면서 새로운 모델을 제안하거나 시스템 모델을 만들어가는 방향을 설정할 수 있다. 그러나 아직은 이런 철학, 인지과학, 진화심리학에서 제시하는 도덕적 추론 모델과 윤리 모델을 인공지능 시스템에 구현하기에는 어려움이 많다. 그만큼 복잡한 것이 인간의 윤리 모델이다. 그 때문에 현재 인공지능 분야에서는 좀 더 단순화하거나 이론의 일부를 가져와 구현하는 수준에 머물러 있다. 다음으로는 지금까지 인공지능 연구자들이 수행한 윤리 모델 연구를 살펴보기로 한다.

2
학자들의 인공지능 윤리 연구는 어떻게 되고 있는가

　인공지능의 자율 에이전트autonomous agent가 사회 규범이나 법과 같은 인간의 행위 규칙을 따르도록 해야 한다는 가치 정합 문제는 신뢰할 수 있는 인공지능 구현에서 반드시 연구해야 하는 이슈다. 인간의 법과 규범은 복잡하고 문화적으로 다양한 시스템이다. 그러다 보니 많은 경우 자율 에이전트는 규칙을 어떻게 학습할 수 있는가 하는 문제를 해결해야만 한다. 즉 자율 에이전트가 윤리 규칙에 대해 신뢰할 수 있는 예측을 할 수 있도록 인간 윤리 시스템이 어떻게 작동하는지에 대한 모델을 갖고 있어야 한다는 의미이다.
　이런 모델은 내부 알고리듬으로 구현할 수도 있고 데이터를 통해 학습할 수도 있다. 또 다른 방식은 인간의 행동을 관찰하면서 자신의 모델을 변경하거나 강화하는 방법을 모색하는 것이다. 전체 아키텍처에서는 다수의 자율 에이전트가 협업하거나 문제를 동시에 풀어야 하는 경우도 있다. 따라서 하나의 도덕적 에이전트의 모델이 아니라 다수의 에이전트가 내리는 집단 의사결정을 통합하는 방식을 생각할 수 있다.

인공지능 시스템 내에 도덕적 판단을 위한 기본 규칙을 알고리듬으로 구현하고 이를 준수하도록 하는 것을 하향식 접근이라 하고, 데이터를 통한 학습이나 인간의 행동을 관찰함으로써 윤리 원칙을 습득하는 것을 상향식 접근이라 한다.

초기의 연구들

초기의 인공지능 윤리 연구는 1990년대부터 2000년대 초까지 윤리 추론을 위한 논리 기반 접근법, 사례 기반 접근법, 다중 행위자 접근법 등으로 이루어졌다. 주로 의사결정 지원 시스템에서 구현된 사례들이다.

논리 기반 접근법은 대표적인 하향식 접근으로 규범 논리를 통해 행위자가 무엇을 해야 할지를 추론하도록 한다. 2006년 코네티컷대학교의 철학과 교수인 수전 앤더슨Susan Anderson과 하트포드대학교의 컴퓨터공학 교수인 마이클 앤더슨Michael Anderson 부부가 미국 인공지능학회AAAI에서 발표한 '메드에스엑스MedEthEx'가 대표적인 사례다. 메드에스엑스는 헬스케어 업계 종사자가 윤리적 딜레마에 직면했을 때 가이드를 제공하는 윤리 조언자 역할을 하도록 개발됐다.

이 시스템은 개념 증명 수준의 개발로서 생의학 분야의 윤리 의무와 원칙에 기반을 둔다. 자율성 존중, 해악 금지, 자선 원리, 정의 원리를 자명한 prima facie 의무로 제시했다. 이런 의무는 절대적이지는 않지만 더 강한 의무가 나오지 않는 한 유지해야 하는 기본 의무로 보자는 것이다.

논문에서는 1979년에 나온 톰 비첨 Tom Beauchamp과 제임스 칠드러스 James Childress의 '생명의료 윤리 원칙'을 구현했고 존 롤스 John Rawls의 『정의론』에서 얘기하는 '반성적 평형' 개념을 도입했다고 말한다. 이는 처음에 기본으로 제시한 원리대로 진행하다가 일치하지 않은 현상이 나오면 기본 원리와 상호 조정하는 과정을 말한다. 이 과정에서 현상뿐만 아니라 원리 자체의 수정도 이루어질 수 있다고 봤다.

사례 기반 접근법으로는 초기 연구 중에서 카네기멜런대학교의 브루스 맥라렌 Bruce McLaren 교수가 개발한 트루스-텔러 Truth-Teller 시스템과 시로코 SIROCCO 시스템이 널리 알려져 있다. 맥라렌 교수는 2005년에 논문 「윤리 추론의 2가지 계산 모델을 통한 기계 윤리에서의 교훈」에서 이 두 시스템을 구현하면서 부딪힌 한계와 어려움을 설명하고 있다. 이런 접근법으로는 인공지능 윤리 문제를 본질적으로 해결하기 어렵다는 것을 알 수 있다.[11]

예를 들어 트루스-텔러를 통해서는 경험이 없는 변호사가 고객에게 자신의 경험 부족을 말해야 하는가와 같은 딜레마 사례를 다루고자 했다. 시로코를 통해서는 기술자가 처한 딜레마 문제를 과거 사례를 바탕으로 끌어내려고 시도했다. 전통적인 공학 전문가 윤리 코드를 활용했다. 이를 위해 미국전문공학자협회NPSE에서 공학 전문가 조직의 공학 윤리에 기반한 500건 이상의 사례 데이터베이스를 이용했다. 시로코는 분석하고자 하는 새로운 사례를 주면 NPSE 리뷰 위원회 회원과 같은 인간 논증자에게 기본적인 정보를 제공하도록 설정된 시스템으로 일반적인 의사결정 지원 시스템 형식으로 개발됐다.

2가지 시스템을 개발하면서 얻은 교훈은 윤리적 추론이 정형화된 도메인에서의 추론과는 근본적으로 다르다는 것과 주어진 규칙은 개념적 단계에서만 가능하다는 것이었다. 또한 추상적인 규칙은 종종 특정 상황에서 서로 충돌되고 이를 해결할 연역적 방법이 없다는 점과 하나의 상황에 적용할 수 있는 규칙이 여러 개가 존재하고 이를 해결할 수 있는 추상적 규칙이나 도메인 지식이 복잡하다는 점을 통해 윤리적 추론이 어려운 문제임을 깨닫게 됐다.

웬델 월러치Wendell Wallach는 저서 『왜 로봇의 도덕인가』에서 멤피스대학교의 스탠 프랭클린Stan Franklin과 함께 개발한 '학습형 지능적 분산 행위자LIDA'를 자세히 소개한다. 학습형 지능적 분산 행위자는 컴퓨터과학자, 신경과학자들과 협력해 인지에 관한 개념적, 컴퓨팅적 모델로 개발됐다.[12] 그러나 이는 인지 모델 기반의 개념적인 통합 모델을 제시한 수준에 머물러 있다.

2016년 애리조나 피닉스에서 열린 미국 인공지능학회의 '인공지능 윤리 워크숍'에서 미시간대학교의 벤저민 키퍼스Benjamin Kuipers는

「로봇을 위한 인간 같은 도덕과 윤리」라는 논문을 발표했다.[13] 그의 연구는 인간이 가진 도덕적 판단 모델은 빠르고 무의식적이며 직관적 대응이 도덕적 판단을 주도하고 그다음에 더 느린 숙의적 추론이 이를 정당화하는 과정이라는 조너선 하이트의 '사회적 직관주의 모델'에 기반을 두었다.

키퍼스는 자율적 행동을 하는 로봇을 위한 도덕과 윤리 아키텍처 개요를 제시했다. 여러 학자가 해왔던 공리주의적 접근은 결국 공유지의 비극이나 죄수의 딜레마와 같은 나쁜 결과를 산출할 수 있는 한계가 있다고 보았다. 그래서 로봇과 인공지능에 적합한 도덕과 윤리 아키텍처는 다음과 같은 기능을 담고 있어야 한다고 주장한다.

- 빠르게 반응하는 패턴 매칭형 규칙
- 숙의 추론 프로세스
- 사회적 신호 프로세스
- 긴 시간을 통해 이루어지는 사회적 과정

같은 워크숍에서 조지아공과대학교의 마크 리들Mark Riedl과 브렌트 해리슨Brent Harrison은 「이야기를 이용해 인공 에이전트에게 인간 가치를 가르치기」라는 논문에서 이야기를 이용한 가치 학습 방법인 '키호테Quixote' 시스템을 제시했다.[14]

키호테는 로봇이나 인공 행위자가 이야기를 읽고 각 사건의 바람직한 결과를 학습해 인간 사회에서 성공적인 행동을 이해하도록 훈

키호테 시스템

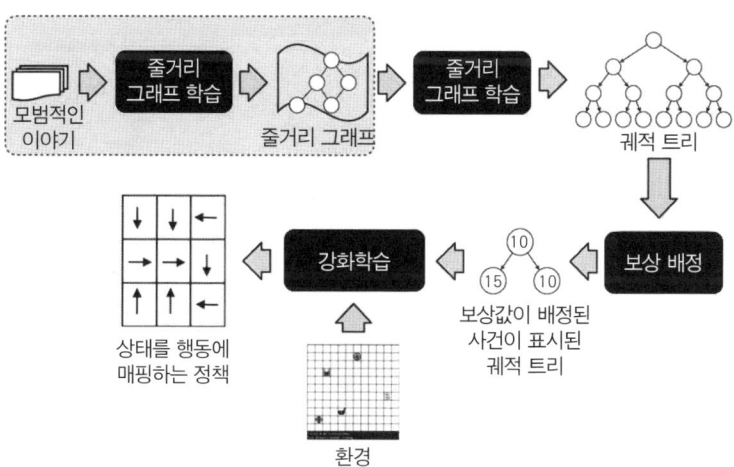

(출처: 조지아공과대학교)

런하는 시스템이다. 키호테는 사회적으로 합당한 행위에 보상을 제공함으로써 인간 가치와 인공지능의 목적을 정합하게 하는 기술이다. 이 연구는 '가치 정합'이라는 특성을 가지면서 지능 에이전트가 인간에게 유용한 목적만을 추구하게 하자는 연구 중 하나이다.

키호테 연구는 같은 팀이 만든 '셰에라자드Scheherazade'라는 자동 이야기 생성 시스템에 기반을 둔 것이다. 이는 인공지능이 이야기 플롯을 크라우드소싱해서 행위의 올바른 결과를 모을 수 있음을 보여준 연구이다. 셰에라자드는 무엇이 정상적인 또는 올바른 플롯인지 그래프를 통해서 배운다. 이후 데이터 구조를 키호테에 보내고 이를 다시 보상 신호로 변환해 시행착오 학습 과정 동안 특정 행위를 강화하거나 다른 행위를 처벌하도록 한다는 발상이다.

본질적으로 키호테는 이야기의 주인공과 같이 행동할 때마다 보상을 받으며 임의로 하거나 적대자와 같이 행동하면 처벌을 받는다. 그러나 아직 인공지능이 이야기를 완벽히 이해해서 가치 정합을 할 수 있는 단계가 아니기 때문에 이들의 연구는 예비적 단계에 불과하다. 가치 학습의 가능성, 행위자의 행동을 제어하기 위한 강화학습 사용, 서사에 대한 계산적 추론 등에 대한 논의와 연구가 더 필요하다.

2018년 인공지능국제회의IJCAI에서 싱가포르의 난양공대, 알리바바-난양공대 공동 연구소, 캐나다의 브리티시컬럼비아대학교, 미국 애머스트의 매사추세츠대학, 홍콩과기대의 여러 학자가 공동으로 작성한 논문을 발표했다. 이들은 지금까지의 인공지능 윤리 연구 방향을 그 특성에 따라 윤리적 딜레마, 개별적 윤리 결정, 집단적 윤리 결정, 인간과 인공지능 상호작용에서의 윤리 이렇게 4가지로 분류했다.[15] 각각의 연구 현황을 좀 더 자세히 살펴보고자 한다.

윤리적 딜레마

윤리적 딜레마는 특정한 상황에서 어떤 의사결정을 하는 것이 옳은가를 쉽게 선택하기 어려운 상황에서 인공지능이 어떤 판단을 하도록 할 것인가에 대한 연구 분야이다. 다시 말해 여러 가지의 윤리적 딜레마에 대해서 사람들이 선호하는 선택을 이해하고 그 방향으로 의사결정을 하는 지능 시스템을 어떻게 만들 것인가 하는 연구이다. 이를 위해 똑같은 상황에서 사람들이 어떤 판단을 옳다고 하는지 알아야 한다는 새로운 도전을 제시하고 있다.

이 문제를 방대한 데이터를 통한 학습 방식으로 해결하고자 할 때 이 분야에서 제일 유명한 데이터는 2016년 장 프랑수아 보네퐁 Jean-François Bonnefon 박사의 연구 후속으로 이어진 MIT의 모럴 머신 Moral Machine 프로젝트다. 이 프로젝트는 주어진 상황에 대해 어떤 선택을 할 것인가를 투표하도록 해서, 전 세계 233개 나라와 지역에서 300만 명 이상이 참여해 4,000만 개의 의사결정 데이터를 수집했다.[16] 이 데이터를 기반으로 여러 연구 집단에서 동시에 다른 연구 결과를 발표하고 있다.

모럴 머신 프로젝트는 자율주행 자동차가 처할 수 있는 위급 상황에서 발생하는 딜레마에서 어떤 판단이 도덕적으로 옳다고 보는가에 대해 참가자들이 투표하게 했다. 한글 서비스도 있는 이 프로젝트는 각 세션에 13개의 사례가 제공되며 각 사례는 한 쌍으로 이루어져 있고 둘 중 자신이 선호하는 것을 선택하게 돼 있다. 모든 사례는 자율주행차의 브레이크가 고장 났을 때 처할 수 있는 상황에서의 선택이다.

각 대안은 22개의 특징으로 구성됐는데 승객 또는 보행자와 자율주행 자동차와의 관계, 법적 상황(법과 무관, 명확하게 합법적인 보행, 명확하게 불법적인 보행), 20개의 인물 유형(남자, 여자, 노인, 젊은이, 임신한 여자, 건장한 남자, 여의사, 강아지 등)으로 이루어진다.

모럴 머신 프로젝트 연구자들이 『네이처』에 발표한 논문을 보면

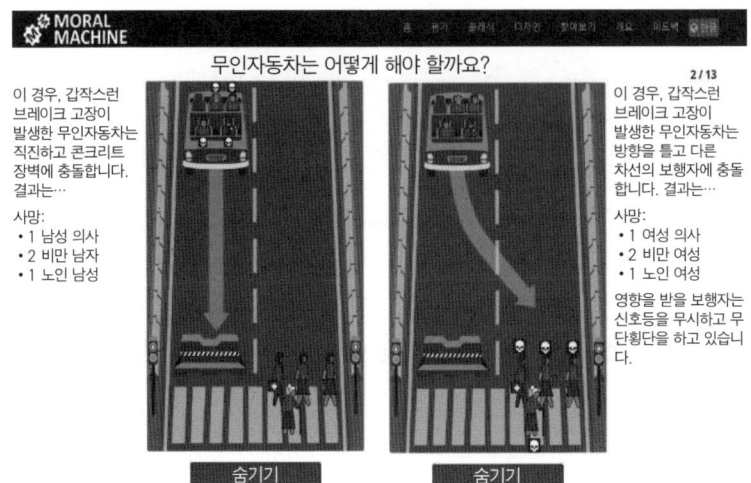

(출처: MIT 모럴 머신 프로젝트)

국가와 지역에 따라 사람들은 매우 다른 판단을 내렸다. 특히 동양과 서양의 의사결정 차이가 뚜렷하게 달랐다.[17] 예를 들어 개인주의적 성향이 강한 국가는 젊은 사람의 생명을 구하는 것을 우선시하는 경향을 보였으며 되도록 더 많은 생명을 구하는 것에 더 높은 가치를 주었다. 공리주의적 윤리관에 매우 가까운 특성을 보였다고 생각할 수 있다.

이후 이 데이터는 여러 연구에 사용됐는데, 대표적인 것이 MIT의 리처드 김Richard Kim 등이 2018년 '인공지능, 윤리, 사회 학회AIES'에서 발표한 논문이다. 앞에서 소개한 클라이만 와이너, 레베카 색스, 조슈아 테넨바움의 '도덕 이론 학습' 프레임워크를 확장해 윤리적 딜레마에 대한 계산 모델을 만들었다.[18] 이 연구에서는 덴마크에 거주

하는 99명의 응답자가 만든 1,287개의 데이터를 샘플로 해서 그들과 유사한 판단을 하는 모델을 제시했다. 그 후 평가를 위해서 1만 명의 사람이 13개 시나리오 모두에 대답한 13만 개의 데이터를 가지고 검증했다.

이 논문에서는 사람들의 반응 속도가 느린 것은 그만큼 판단이 어려운 딜레마라고 상정하고 도덕적 딜레마에서 트레이드 오프를 해결하기 위한 인지적 비용을 유추했다. 또한 계층적 베이지안 추론 시스템을 통해 개별적 선호와 집단 규범을 유추할 수 있음을 제시했다. 그러나 이를 어떻게 모아서 최적화할 수 있는가에 대해서는 남겨 놓았는데 그 방식은 투표 방식의 접근으로 보완할 수 있다고 결론에서 언급했다.

이런 다수의 데이터를 수집하는 연구에는 몇 가지 비판할 점이 있다. 첫째로 사람들의 답변은 실제 판단이나 행동과 다를 수 있다는 점이다. 둘째는 과연 다수의 사람이 옳다고 얘기하는 것이 진짜 도덕적으로 옳은가에 대한 반론이다. 우리는 역사적으로 다수가 지지했던 행동이 도덕적으로 올바르지 않았다는 사례를 많이 알고 있기 때문이다. 셋째는 문화적 배경이나 다른 요소에 의한 불일치 문제다. 다른 지역과 집단에 따라 달라지는 도덕적 판단을 어떻게 반영하고 모델에 적용할 수 있을 것인가에 대한 문제다. 이와 같은 문제를 고려할 때 학습 데이터를 통한 머신러닝 방식에서 가장 중요한 도전은 모든 딜레마를 반영할 수 있는 일반화된 표현을 어떻게 디자인할 것인가 하는 점이다.

그런 측면에서 다중의 데이터를 모아서 윤리 판단의 기초로 삼는 방법은 하나의 연구 방식이지 그 데이터 자체가 얼마나 의미 있거나 옳으냐를 의미하는 것은 아니라고 생각할 수 있다. 그럼에도 불구하고 매우 많은 사람이 특정 상황에서 어떻게 판단하는 것이 옳다고 보는가에 대한 데이터 수집은 향후 연구를 위해서 매우 중요한 기반을 제공한다고 본다.

모럴 머신 프로젝트 이후 비슷한 과제들이 등장한다. 2017년부터 2020년까지 진행한 '마이굿니스MyGoodness' 프로젝트는 사람들이 어느 쪽에 자신의 기부금을 내는 것이 좋은가에 대한 선택을 모았다.[19] 10개의 상황마다 2개의 조건을 두고 그중 하나를 선택하고 나면 다른 사람들의 선택과 비교할 수 있게 보여준다.

윤리적 딜레마는 의료 분야에서 많이 검토하는 주제다. 카네기멜런대학의 디커슨Dickerson, J. P.과 샌드홀름Sandholm, T.은 신장을 기증할 때, 제공자의 신장이 환자에게 적합하지 않을 경우 수여 대상자 선정을 어떻게 변경할 것인가라고 하는 딜레마 해결을 위한 퓨처매치FutureMatch 모델을 발표했다.[20]

그들의 연구는 현장에서 근시안적으로 이루어지는 신장 이식을 전국적인 네트워크를 활용해 이식자의 생명 존속 기간을 최대치로 하는 것을 최고의 목적으로 하는 다이내믹 모델이다. 이와 같은 목적을 분명히 하는 데이터를 통해 학습을 시킨 후 1987년 이후 모든 신장 이식 데이터를 통해 각 매치의 품질과 기증자와 환자의 혈액형 같은 여러 특징으로 이루어진 데이터 쌍의 잠재적 가치를 오프라인에

마이굿니스 프로젝트 선택 화면

(출처: MIT 미디어랩)

서 학습시켰다. 이를 가중치로 전환한 후 다이내믹 매칭 모델을 구현했다.

그러나 이런 특정 사례나 딜레마에 대해서 판단하는 솔루션보다는 다양한 분야의 상황에서 도덕적 판단을 할 수 있게 하는 일반적인 프레임워크가 필요하며 이에 대한 연구가 인공지능 윤리 시스템에서 필요한 기반 연구가 돼야 한다.

개별적 윤리 결정

개별적 윤리 결정은 인공지능 에이전트 하나를 기반으로 해서 이 에이전트가 어떻게 우리가 원하는 방식으로 윤리적 판단을 내리게 하도록 할 것인가를 연구하는 분야이다. 과거에는 보편적인 윤리적 의사결정을 위해서 일반화된 프레임워크를 도입해 문제를 풀고자 했다. 그러나 윤리적 판단은 문맥과 시간에 따라 그 정의가 달라지기 때문에, 규범을 지속적으로 사람이 수정 보완해야 하거나 너무 많은 사례와 비교해야 하는 문제가 있었다.

예를 들어 2008년 노스웨스턴대학교의 M. 데가니M. Dehghani 등은 몇 가지 원리를 모두 아우르는 방식으로 도덕적 의사결정 인지 모델을 만들었는데 이를 '모럴DM'이라고 불렀다. 모럴DM은 의무론적 모드와 공리주의적 모드 2가지의 추론을 결합해 의사결정을 해결하고자 했다.[21] 1차 원리 추론first principle reasoning과 유추적 추론analogical reasoning을 통해 윤리적 딜레마를 해결하고자 했으나 사례가 증가할수록 전체를 비교해야 하는 방식은 계산적으로 한계에 도달할 수밖에 없었다.

2016년에는 프랑스 국립과학연구원CNRS의 쿠앙트N. Cointe 등이 에이전트가 자체 윤리 모델과 함께 다른 에이전트의 행위에 관한 판단을 같이 하는 프레임워크를 제시했다.[22] 이들은 믿음-욕구-의도BDI 에이전트 의식 모델에 기반한 에이전트의 윤리 판단 프로세스를 제안했다. 또한 에이전트 자신의 행위에 관한 판단을 위해서는 현재 처한 상황과 에이전트의 목적을 기술한 믿음을 생성하는 인식 프로세스를 제안했다.

믿음과 목적을 바탕으로 가능한 행위와 바람직한 행위를 생성하는 평가 프로세스를 사용했는데 선에 대한 이론과 옳음에 대한 이론을 기반으로 한다. 선함goodness 프로세스는 에이전트의 믿음, 욕구, 행위, 도덕 가치 규칙에 기반해 윤리적 행위를 계산했다. 옳음rightness 프로세스는 가능한 행위가 현재 상황에서 올바른가에 대한 평가와 올바름 요구 조건에 맞는 행위를 선택하도록 했다.

윤리 모델에서 어떤 의사결정 프레임워크를 사용하는 것이 더 유효하고 의미가 있는가는 많은 연구자가 고민하는 이슈이다. 듀크대학의 빈센트 코니쳐Vincent Conitzer 등은 게임 이론과 머신러닝 방식을 비교 연구해 그 차이를 분석했다.[23] 이들의 결론은 특정 행위가 도덕적으로 옳은지 아닌지를 명시할 수 있는, 실행 가능하며 근본적으로 정량적인 이론이 필요하다고 말한다. 이를 위해서는 행위 판단 구조를 표현할 수 있는 언어가 있어야 하며 행위의 도덕 관련 특징과 이런 특징의 상호작용 그리고 도덕 판단에 미치는 영향에 관한 규칙이 있어야 한다고 덧붙인다.

우리가 좀 더 일반적인 프레임워크를 만들기 위해서는 다양한 사례를 자연어로 표현하는 것이 아니라 추상적 표현으로 나타내는 것이 필요할 수 있다. 추상적 표현에는 행위에 대해 여러 가지 특징feature이나 속성attribute으로 표현하는 방식이 있다. 대부분의 경우 특정 영역에 대한 특징을 정하는 것은 비교적 쉽다. 그러나 일반적 프레임워크의 주된 목적은 여러 도메인에 적용할 수 있는 일반화된 추상적 특징을 파악하는 것이다.

그 방안으로 도덕심리학이나 인지과학의 접근을 참고하는 것이 필요하다. 사회적 직관주의 모델을 제시한 조너선 하이트는 피해-돌봄, 공정-호혜, 충성, 권위-존경, 순수-존엄으로 분류하는 5가지의 도덕 기반을 제시했다.[24] 이런 심리학자의 연구를 좀 더 분석적으로 나누거나 새로운 근간을 만들어서 도덕과 관련된 특징 리스트를 만들고자 하는 연구들도 있다. 표현을 기반으로 도덕적 올바름을 명기할 때는 이런 행위가 왜 옳고 그른지를 설명하거나 해석하는 방식을 도입할 수 있다. 특히 도덕적 행위가 이분법적으로 나뉘지 않을 경우에 어느 수준이 도덕적 판단인지를 표현할 수 있어야 한다.

윤리 원칙을 기반으로 하는 의무론적 접근 방식인 하향식 접근이 가진 여러 가지 모순과 한계를 극복하기 위해 제시된 것이 상향식 접근이다. 상향식 접근은 윤리적 판단 능력이나 윤리 행위자 학습을 통해 윤리 모형을 구현하는 것이다. 이는 센서 기반의 시스템이 인간의 행동를 파악할 때 윤리에 기반한 행동을 확인하고 그 행동이 윤리 양상을 가진다면 그에 관한 코드가 만들어지는 것을 의미한다.

디자인 단계에서 다양한 윤리 이슈를 모두 고려하는 것을 피하고 행동을 통한 학습으로 접근하는 방식은 '역강화학습(IRL, Inverse Reinforcement Learning)'을 통해 시도돼왔다. 즉 주어진 목적에 따라 인간 행위 데이터를 충분히 모은 다음에 윤리 에이전트가 비슷한 패턴을 따라 하게 만드는 것이다.

규범과 규칙에 대한 인간의 대응은 2차 규범적 믿음으로 구성된다. 다시 말해 우리가 어떤 상황에서 해야 할 것과 해서는 안 되는 것이 무엇인지에 대한 믿음으로 구성된다.[25] 또한 인간의 법과 규칙은 자주 모호하거나 복잡해서 사법권, 문화, 그룹에 따라 광범위하게 다르기 때문에 이에 대해 적응하는 방안이 필요하다.

버클리대학교의 스튜어트 러셀 교수팀은 역강화학습을 통해 이를 구현할 수 있다고 말한다.[26] 예를 들어 인간이 아침마다 물을 끓여 커피를 타는 것을 반복하고 이에 따라 기분이 좋아지는 것을 안다면, 커피를 타는 행위가 코드로 들어갈 수 있다는 것이다. 그러나 이런 상향식 접근은 인간 행동의 목적과 결과, 영향, 행동이 윤리적 기반을 가진 것임을 판단하는 능력을 갖추어야 하고, 이를 다시 내부의 코드로 만들어가야 하는 어려움이 있다.

이를 모델링하는 것은 POMDP(부분적 관찰 가능한 마르코프 결정 프로세스)라는 모델을 통해 윤리 유틸리티 함수를 학습하는 방식이다. 이 방식은 조수학습이라고 부르기도 하는데 인간 행위에서 규칙과 정책을 추출할 수 있다는 방안이라는 점에서 장기적으로 유망한 솔루션으로 간주돼왔다. 역강화학습은 또한 사전에 검토하지 않은 상태를 일반화할 수 있는 기능으로 보상을 일일이 나열하는 수고를 크게 덜어줄 수 있어서 더욱 관심을 갖게 했다.

그러나 역강화학습 역시 보상의 정확성을 최대화하기 위해서는 매우 많은 사람의 데이터를 모아야 해서 비용이 많이 든다. 적은 수의 사람들의 데이터만 모아서는 윤리적 학습이 편향될 수 있다는 비판을 받는다. 또한 인간 데이터는 최적이 되지 않을 수 있는데(더 좋은 방식을 알지 못하기 때문에) 불완전한 데이터를 통한 학습은 차선의 결과를 가져올 수 있다.

역강화학습이 아니라 일반적인 강화학습을 윤리 시스템에 도입하는 가장 직접적인 방식은 윤리적 행동에 대한 보상을 디자인하는 것이다. 그러나 이 방식은 모든 가능성이 있는 윤리적/비윤리적 시나리오나 규칙을 나열해야 하기 때문에 비용이 많이 들며, 각각에 대해 의미 있는 보상을 디자인하는 것도 어려운 일이다. 그리고 윤리에 관한 판단은 동적이며 현재의 환경이나 상황에 종속적이기도 해서 일일이 만든 윤리 패턴이 업데이트된 상황에서 유효하지 않을 수 있다. 그 때문에 일반적인 강화학습을 위한 보상을 디자인하는 것은 도전적인 문제다.

이 문제를 피하기 위해 국립타이완대학의 우Y. Wu와 린S. Lin의 논문에서는 강화학습 에이전트가 축적된 보상을 최적화하면서 윤리 위반을 최소화하는 방안을 제시했다.27 이 방안은 관찰하는 인간 행위 대부분은 윤리적이라고 가정하고, 주어진 응용 도메인 내에서 사용 가능한 인간 행위 데이터로 윤리 형성 정책을 학습하는 것이다. 윤리 형성 함수는 긍정적 윤리 결정에 보상하거나 부정적 결정을 처벌하고 윤리적 고려가 포함되지 않을 때는 중립을 지킨다. 윤리 형성을 강화학습 보상 함수 디자인과 분리함으로써 강화학습 디자이너가 윤리를 코딩하는 부담을 피하게 했다.

상향식 접근에서 많은 학습 데이터를 모아서 그에 따른 윤리 판단을 학습하게 하는 방법이 아니라 지속적인 관찰을 통해 인공지능 에이전트가 강화학습 또는 역강화학습을 하게 하자는 방안은 인간이 도덕 개념을 형성하는 과정에 가장 유사한 방식이라 생각한다. 그 때문에 앞으로 이런 접근 방식에 대한 연구가 좀 더 많이 나오기를 기대하고 있다.

집단적 윤리 결정

우리가 사회에서 어떤 도덕적 의사결정을 할 때 내가 가진 윤리 규범에 의해 단독으로 결정하기보다는 다른 사회 구성원의 행동이나 판단을 같이 고려하면서 결정하는 경우가 많다. 이와 같이 자율적 에이전트 집합체가 윤리적 행동을 같이 선택하는 이 문제가 집단적 윤리 결정의 연구 주제이다.

그러나 단지 개별 에이전트가 윤리적으로 행동하고 다른 에이전트의 행동에 대한 윤리 판단을 통해 잘 조율되고 협력적인 에이전트로 구성된 사회를 만드는 것만으로는 충분하지 않다. 사회적 규범을 제어하는 1차 규칙을 만들고 상황에 따라 1차 규칙을 생성, 변경, 통제하는 2차 규칙이 있어야 한다는 주장도 있다.[28]

노스캐롤라이나 주립대학교의 무닌다 싱M. Singh은 2015년 인공지능국제회의IJCAI에서 발표한 논문을 통해 사회의 복잡한 하부 구조와 인간의 행위 사이의 상호작용을 의미하는 사회기술 시스템을 상호작용하는 자율적 부분과 기술 객체로 이루어진 마이크로 사회로 가정했다.29 이런 시스템을 운영하기 위해서는 참여자를 제어할 거버넌스가 필요한데 싱은 규범의 계산학적 표현에 기반한 거버넌스를 제시했다.

이는 기본적으로 중앙 집중 기관이 없는 분산 구조를 의미한다. 각 에이전트는 스스로 정책을 결정함으로써 자율성을 유지하고 집단에서의 역할을 통해 사회적 규범에 종속되게 했다. 사회적 규범은 코드로 표현한 헌신, 권위, 금지, 제재, 권력에 의해 만들어진 템플릿으로 정의된다. 다시 개체는 평판 모델링 기술에 기반한 신뢰 네트워크를 형성해 다이내믹한 상호작용을 통한 집단적 자기 거버넌스를 성취하게 했다.

하버드대학교의 조슈아 그린Joshua Greene 등이 2016년 미국 인공지능학회에서 발표한 연구에서는 인간과 기계가 같이 일하면서 공통의 결정에 동의하는 방식을 생각했다.30 개별 에이전트는 자체의 윤리적 의사결정 메커니즘을 갖고 있으며 에이전트 무리는 주어진 시나리오에서 선택을 평가할 때 도덕적 고려를 하면서 서로 다른 역할을 할 수 있도록 했다. 예를 들어 일부 에이전트는 의무론적 윤리 원칙을, 다른 에이전트는 결과론적 또는 덕 윤리 방식의 원칙을 가진다.

집단적 윤리 결정을 만들기 위해 투표 기반 시스템을 제시한 연구도 있다. 2017년 카네기멜런대학과 MIT의 연구팀은 모럴 머신 데이터 중에서 130만 참가자의 1,825만 개의 선택을 기반으로 윤리적 결정 모델을 만들었다.³¹ 이는 앞에서 소개한 MIT에서 딜레마를 연구한 논문³²의 보완적 입장이다.

계산 사회적 선택에 기반한 이 연구는 4단계로 이루어졌다. 첫째 데이터를 수집하는 단계, 둘째 각 참여자가 모든 가능한 대안에 대한 선호 모델을 학습하는 단계, 셋째 모든 가능한 대안에 대한 모든 참가자의 선호도를 통합해 하나의 싱글 모델로 요약하는 단계, 넷째 대안의 특정 부분 집합을 포함한 딜레마에 마주쳤을 때, 요약 모델을 사용해 이 특정 부분 집합에 모든 참여자의 선호를 추론하고 모아서 통합 결정을 위한 선택 규칙을 적용하는 종합 단계이다.

선호를 종합하기 위한 투표 법칙을 만들기 위해 교환-우선이라는 개념을 정의해 모든 다른 대안에 대해 교환 우위인 대안이 최종 결정으로 나오게 했다. 이런 방식으로 3,000개의 테스트 사례에 대한 정확도를 판단하니 사례당 대안이 2개인 경우는 98.2%, 대안이 10개인 경우는 95.1%의 일치도를 얻었다.

이와 같은 집단적 윤리 결정이 앞으로 우리가 인공지능 윤리 연구에서 가장 도전해야 하는 문제라고 생각한다. 각 에이전트의 윤리 결정과 다른 에이전트의 윤리 결정이 어떻게 상호작용하는지, 전체가 개별 에이전트에 어떻게 영향을 미치는지 또는 역으로 개별 에이전트가 전체 집단에 어떤 역할을 하게 하는지를 모델링할 수 있어야 다양한 에이전트로 이루어진 인공지능 시스템 내의 윤리 시스템을 구현할 수 있기 때문이다. 그래서 아직도 갈 길이 먼 영역이기도 하다.

3
인공지능 윤리 연구의 주요 그룹은 무엇이 있는가

인공지능 윤리 연구는 학제적 연구가 필요할 경우가 많고, 철학자와 공학자의 협력이라는 매우 흥미로운 연구 방식을 요구한다. 각 기업이나 대학에서도 한두 사람의 연구가 아니라 다양한 배경을 사진 연구자들의 공동 연구가 이루어지고 있다.

2016년에 유명 법률 회사인 K&L게이츠는 카네기멜런대학교에 1,000만 달러를 기부해 윤리와 계산과학 기술을 위한 특별 기금을 조성했다. 이를 기반으로 2018년 4월에 '윤리와 인공지능에 관한 K&L게이츠 콘퍼런스'를 개최했다. 여기에서 다룬 주요 주제는 신뢰, 공정성, 윤리와 컴퓨팅 기술, 정책과 거버넌스, 에이전시와 권한 부여 등이다. 2020년 4월에 윤리와 계산 기술이라는 이름으로 열릴 예정이었으나 코로나 팬데믹으로 가을로 연기됐고 결국 열리지 못했다. 카네기멜런대학교의 윤리와정책센터Center for Ethics and Policy도 주목할 곳이다. 이 센터는 다양한 새로운 기술에서 발생할 수 있는 윤리 문제를 연구하며 정의와 인권, 정책 연구도 수행하고 있다.[33]

인공지능 윤리 연구를 위한 주요 주제는 2016년 뉴욕대학의 '마인드, 브레인 그리고 의식 연구소'가 개최한 인공지능 윤리 콘퍼런스에서 다룬 주제라고 생각한다.[34] 이 주제들은 지금도 인공지능 윤리 연구에서 가장 기본이 되는 질문들이다.

- 인공지능 연구자들이 따라야 하는 윤리 원칙은 무엇인가?
- 인공지능의 윤리적 사용에는 제약이 있는가?
- 인공지능을 인간 가치와 부합하게 디자인하는 가장 좋은 방법은 무엇인가?
- 인공지능 시스템에 도덕 원칙을 구현하는 것은 가능하거나 바람직한가?
- 인공지능 시스템이 이익이 되거나 해를 끼칠 때 누가 도덕적으로 책임을 질 것인가?
- 인공지능 시스템 자체가 도덕적 우려의 잠재적 개체인가?
- 인공지능 영향을 평가하는 데 가장 좋은 도덕 프레임워크와 가치 시스템은 무엇인가?

기업에서는 페이스북이 2019년에 뮌헨공과대학교와 새로운 파트너십을 맺고 독립적인 인공지능윤리연구소 설립을 지원했다.[35]

페이스북은 향후 5년간 750만 달러의 초기 연구 자금을 지원하기로 했다. 2019년 10월 16일에 공식적으로 문을 연 인공지능윤리연구소는 뮌헨공대가 전통적으로 강점이 있는 과학과 기술 분야와 인문학과 사회과학을 결합해 사회에서 신뢰를 얻고 허용할 수 있는 인공지능 기술을 형성하는 힘을 만들겠다고 선언했다. 그리고 "독립적이면서 증거 기반의 연구를 수행할 것이며 사회, 산업, 입법자와 의사결정자를 위한 인사이트와 가이드라인을 제공할 것"이라고 밝혔다. 특히 안전, 프라이버시, 공정성, 투명성 같은 인공지능의 활용에 관련한 이슈에 우선 연구를 추진할 계획이다. 처음 진행하는 프로젝트는 자율주행 윤리, 인공지능에 기반한 의료 분야의 윤리 자문 시스템, 증오 발언과 가짜 뉴스의 역학 관계 이해, 개인화된 인공지능을 통한 온라인 규범 위반 관여, 의미 있는 규제를 통한 인공지능 신뢰, 인간 중심의 인더스트리 4.0을 위한 인공지능 등을 선정했다.

인간을 위한 인공지능AI4People 포럼은 유럽연합 집행위원회, 유럽 의회, 시민 사회 기관, 민간 기업과 미디어 등 다양한 이해관계자가 참여해 인공지능의 새로운 응용에 따른 사회적 영향력을 탐색하는 포럼이다. '과학, 미디어, 민주주의를 위한 애터미움-유러피언 연구소EISMD' 산하의 이니셔티브로 시작된 이 포럼은 2018년 2월에 3개년 계획으로 시작됐다. 2018년 11월 옥스퍼드대학교의 디지털윤리연구소 소장인 루치아노 플로리디 교수가 유럽 의회에서 첫 활동 결과 보고서인 「인간을 위한 인공지능의 좋은 인공지능 사회를 위한 윤리 프레임워크: 기회, 위험, 원칙과 권고」를 발표했다.[36] 인간을 위한 인공지능의 2019년 활동은 좋은 인공지능 거버넌스 보고서를 위한 활동에 초점을 맞춰 거버넌스 모델, 규제 도구박스, 14개의 우선 액션을 제안했다.

2020년에는 7개의 좋은 인공지능 글로벌 프레임워크를 만드는 것을 추진했다. 7개의 개별 산업 영역에서 7개 주요 요구사항으로 인한 임팩트를 고려하고자 했다. 이는 유럽연합 집행위원회에서 발표한 신뢰할 수 있는 인공지능의 7개 주요 요구사항에 대응한 것이다. 7개 분야는 자동차, 은행과 금융, 에너지, 헬스케어, 보험, 법률 서비스, 미디어와 기술이며, 분야별 특성에 맞는 윤리적 판단에 대한 요구사항과 고려할 사항을 정리했다.[37] 2020년 12월에는 인간을 위한 인공지능 서밋을 개최했다.

몬트리올인공지능연구소MAIEI는 마이크로소프트의 아비셰크 굽타 Abhishek Gupta가 설립한 연구소로 이론보다는 응용이나 실제 연구를 위한 연구소다. 여기에서는 인공지능의 윤리, 안전, 포용적 개발을 위한 정책 개발을 증진하기 위한 연구와 이런 이슈에 대한 명확한 프레임워크를 구현하고자 한다. 모든 연구 결과는 오픈소스로 제공한다. 1,400명 이상의 회원을 확보했으며 40번 이상의 밋업을 개최했다.

옥스퍼드대학교의 인공지능윤리연구소Institute for Ethics in AI는 세계 최고 수준의 철학자와 인문학자, 아카데미, 기업, 정부의 인공지능 사용자와 기술 개발자들이 같이 연구하는 곳이다.[38] 인공지능 윤리와 거버넌스는 옥스퍼드에서 특별히 활기찬 연구 영역이며, 이 연구소를 통해 대담한 도약이 일어날 것으로 보고 있다. 연구소 설립은 블랙스톤 CEO이며 창업자인 스티븐 슈워츠먼Stephen A. Schwarzman이 인공지능과 연결된 사회 문제 연구를 위해 인문학 연구 지원 자금으로 1억 5,000만 파운드(약 2,200억 원)를 기부함으로써 이루어졌다.[39] 옥스퍼드는 이를 기반으로 스티븐슈워츠먼인문학센터를 세우고 그곳에 인공지능윤리연구소를 열었다. 슈워츠먼은 미국 MIT에도 3억 5,000만 달러를 기부해 새로운 컴퓨팅 대학의 설립을 지원했다. 이 대학은 향후 10억 달러를 투입할 예정이다.[40]

MIT의 미디어랩과 하버드대학교의 버크만센터도 인공지능 윤리와 거버넌스 이니셔티브를 시작했다. 2017년에 시작한 이니셔티브는 하이브리드 연구와 함께 자동화와 머신러닝 기술이 공정성, 인간 자율, 정의와 같은 사회적 가치를 옹호하는 방식으로 연구, 개발, 도입될 수 있도록 노력하고 있다. 특히 하버드대학교 법대에 속한 버크만센터의 특성상 법적, 제도적 구조와 정보 품질 연구를 주요 주제로 삼는다.

인공지능 윤리의 중요성이 대두되면서 학술회의도 새로 생겨나고 있다. 인공지능 윤리를 주요 연구 주제로 하는 특별 세션과 워크숍이 많아지고 있다. 관심을 갖고 지켜봐야 하는 학술회의는 다음과 같다.

- 인공지능 윤리와 관련한 가장 새롭고 전문적인 학술회의는 미국 인공지능협회와 컴퓨터 사이언스에서 가장 권위 있는 학술단체인 ACM이 공동으로 개최하는 AIES의 학술회의다. 이 학

술회의는 2021년에는 온라인으로 개최한다. 이 학회에서 요청하는 논문 영역을 매년 살펴보면 어떤 연구가 현재 중심으로 진행되는지 알 수 있다. 2021년 리스트를 살펴보면 예년과 비교해 실증적이고 구체적인 방안에 관한 연구 제안을 더 많이 하고 있다.[41] 이제는 인공지능 윤리 연구가 실효성 있는 결과가 나와야 하는 시대이기 때문이다.

- 딥러닝 분야에서 가장 권위 있는 신경정보처리시스템학회 NeurIPS의 학술회의에서도 윤리에 관한 관심 변화가 눈에 띈다. 2018년에는 다양성과 포용성이 중심 주제였다면 2019년에는 윤리가 큰 이슈로 떠올랐다.[42] 예측 치안이나 얼굴 인식과 같은 기술 응용을 둘러싼 윤리 논쟁을 다루기 위해 알고리듬의 편향성 이슈를 해결하는 방안이 논의되고 있는데 윤리와 사회적 영향력에 대한 의미 있는 접근을 어떻게 할 것인가를 고심하는 흔적이 뚜렷이 보인다. 신경정보처리시스템학회 재단 홈페이지에는 윤리, 공정, 포용 그리고 행동 강령에 대한 선언이 실릴 정도다.

- 스탠퍼드대학교의 인간중심인공지능연구소는 2019년 10월 28~29일 동안 인공지능 윤리, 정책, 그리고 거버넌스에 관한 학술회의를 열었다.[43] 기업의 인공지능 윤리 접근, 사회적 이익을 위한 인공지능 활용을 지원하는 정부 조직, 정책 수립을 위한 지표, 국가별 안전에 대한 문화와 정책 접근, 국제적 안전, 불평등, 인공지능과 시민의 상호작용 등이 논의됐다.

- 유럽의 다른 주요 학술회의는 2020년 2월 벨기에 루벤에서 열린 인공지능 법과 윤리 학술회의AI Law and Ethics Conference와 인공지능과 로봇공학의 영향에 대한 유럽 학술회의ECIAIR다. ECIAIR의 주요 토의 주제는 직업의 미래, 로봇과의 협업, 자율 기계의 영향, 윤리와 허용 가능 사회 행위 등이었다.

국내는 아쉽게도 인공지능 윤리에 특화된 전문적인 학술회의는 없다. 하지만 사회적 논의의 증가에 따라 여러 연구 팀이 세미나와 토론회를 개최하고 있다. 아직은 인공지능 윤리에 대해 법적 제도적 접근이 아니라 기술적 구현으로 접근하는 연구 그룹이 많지 않다. 그러다 보니 이 분야의 기술 발전을 기대하기는 어려운 상황이다.

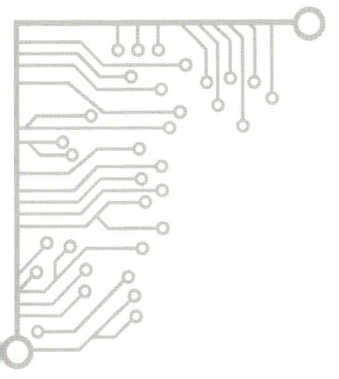
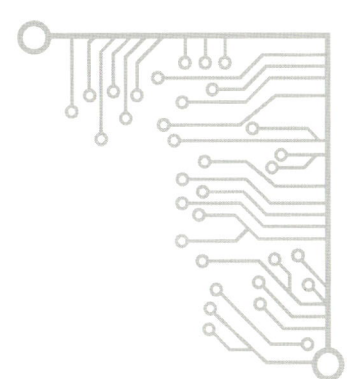

4
마치며

　많은 미디어나 정책이 인공지능의 윤리를 얘기하는데 그 내용은 대부분 이 책의 전체 주제인 신뢰성에 관한 얘기다. 거기에는 공정성, 투명성, 안전성과 견고성 등이 다 포함되는데 인공지능 자체의 윤리적 추론에 관한 얘기는 너무 쉽게 다루고 있다. 상당 부분이 연구자나 개발자가 지켜야 하는 윤리 원칙을 중심으로 논의하고 있기 때문이다. 물론 공정하지 않은 것도 비도덕적이라고 생각할 수 있다. 하지만 이제 우리는 인공지능이 도덕적 행위자가 될 수 있다는 것을 가정하면서 우리와 유사한 도덕적 판단과 의사결정을 어떻게 내리게 할 것인가를 다루어야 한다.
　그러나 이 장에서 살펴봤듯이 인공지능이 자동화된 의사결정을 하거나 인간과 함께 의사결정을 할 때 인공지능이 제시한 결론이 우리 사회의 보편적인 윤리와 일치하는가를 보장하거나 검증하기 위해서는 인공지능 내부 프로세스에 있는 윤리적 판단 모델이나 과정을 알아야 한다.

도덕 추론과 윤리 모델은 도전적 과제다. 우리는 아직 어떤 모델을 실제로 인공지능 내부에 장착할 것인지 확신이 없다. 실례로 들은 자율주행 자동차의 선택적 의사결정은 연구를 위한 모델일 뿐이지 실제 자동차에 그런 의사결정 모듈을 넣어서는 안 된다. 독일을 비롯한 유럽에서는 어떤 순간에도 자동차 안의 소프트웨어가 사람을 비교하면서 선택적인 행동을 해서는 안 된다는 것이 기본 가이드라인이다. 독일의 연방교통디지털인프라부에서 발표한 '자동화와 커넥티드 운전을 위한 윤리위원회'의 2017년 보고서[44]가 대표적이다.

윤리적 인공지능은 학제적 연구 주제이고 처음으로 공학자와 철학자가 협력해야 하는 분야다. 인간의 윤리 체계를 어떻게 학습시키거나 장착할 것인가는 우리의 윤리 체계를 어떻게 정의해야 할 것인가 하는 문제에서 시작하는 것이다. 시간, 장소, 문화에 따른 변화를 어디까지 인정하면서 수정하게 할 것인가 하는 문제 모두 아직은 매우 초보적인 수준이다.

국내에는 소수의 학자가 윤리 모델에 관심을 두고 있고 많은 논의는 아직 과학철학 분야에서 이루어지고 있다. 특히 머신러닝을 위한 데이터세트 구성조차 시작하지 못하고 있다. 그 과정에서 어떤 것이 옳은 선택 또는 행동인가 하는 것이 드러나서 계층이나 지역에 따른 윤리관의 차이를 보일 수 있는 이슈여서 우리가 마주할 용기를 아직 갖고 있지 못하기 때문이다.

수십 년 동안 인공지능 관련 학자들이 연구해온 주제이다. 하지만 우리는 이 주제에 대한 어떤 기본적인 프레임워크도 합의하기 어려운 실정이다. 이 주제가 인류 역사와 함께해 왔고 또 그 누구도 이 원칙이 인류의 기본 원칙이라고 말할 수 없다. 다만, 다양한 철학적 접근이나 인지과학과 심리학의 모델을 인공지능 기술로 구현해보면서 특정 애플리케이션 영역에서 채택해보고 그 결과를 평가해보는 노력은 실용적으로 가능할 수 있을 것이다.

앞으로 소프트웨어 내부에서 하나의 개체가 아니라 다중의 개체가 인공지능 기능을 기반으로 서로 협력하고 소통하면서 문제를 풀어가는 멀티 에이전트 시스템이 크게 주목을 받을 것이다. 이 과정에서 인공지능이 이루는 사회 시스템에서 윤리 기준이나 원칙을 얼마나 인간 사회와 유사하게 할 것인가 하는 주제는 매우 흥미로운 주제가 될 것이다.

사회 문화적으로 다른 윤리 원칙을 인정한다면, 우리와 다른 나라의 문화를 반영한 윤리 모델과 시스템을 우리 사회에 그대로 적용하기 어려울 수 있다. 따라서 우리 스스로 윤리적 인공지능 연구를 진행해야 한다. 그 결과에 대한 평가와 검증도 우리가 해야 한다. 그런 측면에서 더 적극적인 연구 활동이 있어야 하며 국내 연구진들이 이 주제에 많은 관심을 두기를 바란다.

4장

인공지능의 투명성과 설명 가능성

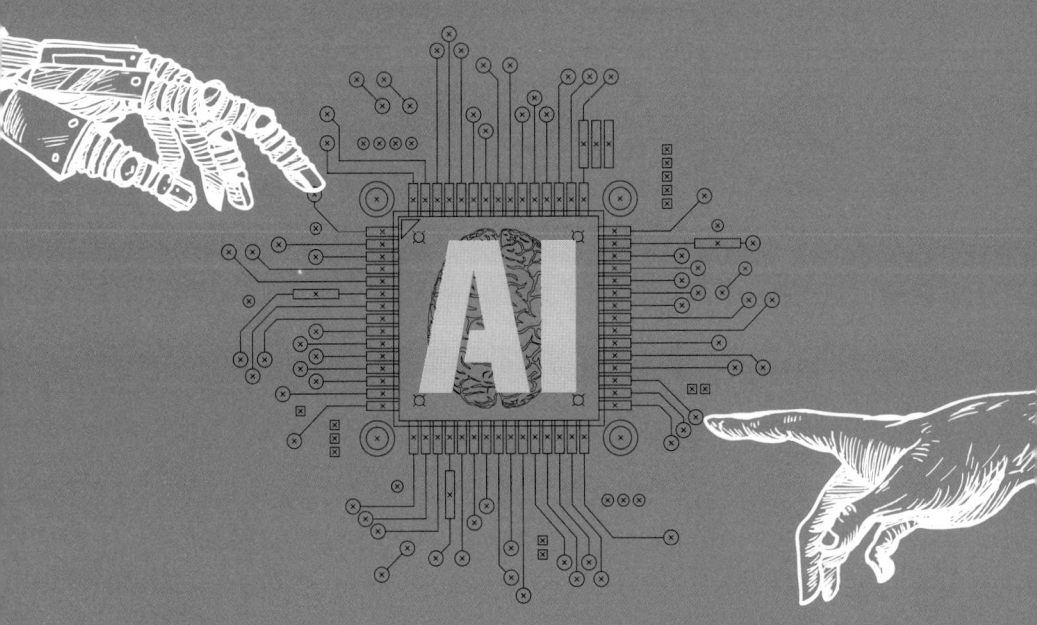

1
왜 인공지능의 투명성이 필요한가

"케일렙. 에이바가 어떻게 작동하는지 설명해달라는 것을 이해해. 그러나 미안하지만, 내가 그렇게 할 수 있을 거라고 생각하지 않아."

- 영화 「엑스 마키나」 중 네이선의 대사

"에어스AiRS, AI Recommender System는 네이버가 자체 연구개발한 인공지능 기반 추천 시스템입니다. 공기AIR와 같이 항상 이용자 곁에서 유용한 콘텐츠를 추천해드린다는 뜻으로 붙여졌습니다. 에어스를 통해 이용자들이 어떤 콘텐츠를 보고 있었는지, 시간이 지나면서 달라진 관심사를 분석해 자동으로 콘텐츠를 추천합니다.

에어스의 기술은 크게 두 가지를 바탕에 두고 있습니다. 협력 필터CF, Collaborative Filtering 기술과 인공 신경망 기반의 품질 모델QM, Quality Model 입니다. 비슷한 관심 분야를 가진 사람들이 본 콘텐츠를 추천하는 협력 필터 기술은 우선 이용자들이 콘텐츠를 소비하는 패턴을 분석합니다. 그리고 비슷한 관심 분야를 가진 이용자를 묶어냅니다. 이 과정을 통해 나와 비슷한 관심사를 가진 사람들이 많이 본 콘텐츠(혹은 클러스터)를 먼저 선별해서 보여줍니다."

네이버의 뉴스 인공지능 알고리듬의 원칙이 무엇인지 설명하는 네이버의 소개 글이다. 이 글을 보고 네이버의 에어스 알고리듬이 사용자에게 제공하는 뉴스 콘텐츠 추천이 어떤 방식으로 되고 있는지 이해하는 사람이 얼마나 될까?

협력 필터링은 그렇다고 해도 품질 모델에서는 뉴스의 품질을 어떤 요소를 기준으로 하는지, 품질을 분석하기 위해 어떤 데이터세트를 사용하는지, 알고리듬은 어떤 모델을 사용하는지, 데이터세트에서는 어떤 특징을 중심으로 가중치를 높여서 보는지를 알 수 있을까? 물론 네이버로서는 이를 모두 공개하는 것은 또 다른 어뷰징을 가져올 수 있기에 상세한 설명을 피하고 있다. 하지만 과연 네이버의 연구진은 그 내용을 정확히 알고 새로운 데이터 요소(시간이 지나면서 달라진 관심사)를 반영하고 그 반영이 인공지능에 제대로 구현 되고 있는지 파악하고 있을까? 우리는 어디까지 네이버에 그 내용을 공개하라고 요구할 수 있을까?

이 질문은 '인공지능의 투명성은 어디까지 구현 가능하고 그 내용을 제공할 수 있는가?'라고 다시 표현할 수 있으며 여기에서 투명성에 대한 논의가 시작된다. 개인들이 일상생활에서 할 수 있는 질문 사례를 들어보자. 왜 내가 면접에 떨어졌는지 물어보면 회사가 설명할 수 있을까? 왜 내 대출은 거절되거나 다른 사람에 비해 이자율이 높을까? 내가 신청한 복지 수당은 왜 원하는 만큼 나오지 않을까? 테슬라 자동차가 오토파일럿 주행 모드에서 왜 지나가는 사람을 인식하지 못했을까? 이런 문제 인식과 질문은 앞으로 인공지능의 활용이 늘어나면 늘어날수록 더 많아질 것이다.

인공지능의 투명성이라는 개념은 정말 다양한 측면을 갖고 있어서 아직도 정의를 내리기 위해 토의를 지속하고 있는 주제다. 그럼에도 인공지능의 신뢰성이나 윤리를 얘기할 때 빠지지 않고 등장하는 것이 바로 투명성이다. 유럽연합 집행위원회의 「신뢰할 수 있는 인공지능」 보고서[1]에 언급된 7개의 근본적인 중요 요소 중 하나가 투명성이다. 지금까지 발표한 모든 인공지능 윤리와 관련한 원칙이나 보고서에도 투명성을 핵심 5개 원칙 중 하나로 선정하고 있다.[2]

인공지능의 투명성은 알고리듬의 투명성과 밀접한 개념이다. 그러나 일반적인 알고리듬이 보통 단계별 의사결정이 명확하게 검증되는 것과 달리 인공지능에 대한 투명성은 좀 더 복잡하거나 새로운 개념 정립이 필요하다는 것을 많은 학자가 주장하고 있다.[3] 특히 투명성이 특정 기술을 말하는 것인지 시스템의 품질을 말하는 것인지가 명확해야 한다.

인공지능의 투명성이 일반 알고리듬 투명성과 다른 점은 데이터와 알고리듬 또는 모델과의 관계이며, 머신러닝 프로세스의 특성 때문에 코드를 리뷰한다고 해서 그 결과를 이해할 수 있는 것이 아니라는 점이다. 머신러닝 결과를 투명하게 이해하기 어려운 것은 학습 데이터와 머신러닝 알고리듬의 조합 때문이고 어느 수준으로 누구에게 투명해야 하는가 하는 점 때문이다.

기술과 서비스의 투명성은 사회 경제적 측면에서 정보의 비대칭성 문제와 관련지어 논의돼 왔다. 기술적 측면에서는 개방성과 연계성이 높은데 오픈 데이터, 오픈소스, 오픈 액세스가 이와 관련된다. 소셜미디어 측면에서는 페이스북의 데이터를 빼돌린 케임브리지 애널리티카 사태에서 볼 수 있는 바와 같이 오용과 민주주의에 대한 도전의 문제를 해결하는 방안으로도 얘기할 수 있다.

이에 반해 인공지능의 투명성에 대한 개념은 설명 가능성에 더 초점을 맞추는 경우가 많다. 본질적으로 불투명한 블랙박스 문제, 다시 말해 인공지능의 의사결정이 어떻게 이루어지는지 상세한 내용을 판단할 수 없는 상황을 개선하는 수단으로서 투명성을 말하는 것이다. 이는 본질적인 투명성보다는 좁은 개념이다. 하지만 현재 실생활에 적용하고자 하는 인공지능의 범위를 넓히는 데 필요한 요구사항이며 시스템의 기능성을 검사하거나 개선하는 방안이 될 수 있다.

2020년 1월에 하버드대학교의 버크만센터에서 발표한 전 세계 인공지능 원칙을 분석한 보고서 「원칙에 입각한 인공지능」에서는 투명성과 설명 가능성을 함께 묶어서 다음과 같이 설명하고 있다.[4]

'이 주제에 따른 원칙은 인공지능 시스템에 대한 감독을 허용하도록 디자인하고 구현해야 하는 것을 의미한다. 여기에는 작동 결과를 이해할 수 있게 해석하는 것과 어디서, 언제, 어떻게 사용되는가에 대한 정보를 제공하는 것을 포함한다.'

버크만센터의 분석으로는 인공지능 원칙과 가이드라인 관련 문서의 94%는 투명성과 설명 가능성 원칙을 포함하고 있다고 한다. 특히 이 두 주제는 8개의 원칙과 연결된다. 각각 '투명성' '설명 가능성' '오픈소스 데이터와 알고리듬' '정부 구매 과정의 공개' '정보에 대한 권리' '인공지능과 상호작용 시 알림' '인공지능이 개인에 대한 의사결정을 할 때 알림' '정기적인 보고' 등의 원칙을 말한다.

2020년 3월 『포브스』는 「더욱 투명한 인공지능을 향해」라는 기고문을 통해 인공지능이 투명하지 않은 이유는 다음과 같은 문제에서 비롯된다고 지적했다.[5]

1. 설명할 수 없는 알고리듬
2. 학습 데이터세트의 가시성 부족 – 데이터를 어디서 모았고 어떻게 정제했으며 어떤 특징을 사용했는지 알 수 없는 경우
3. 데이터 선택 방법의 가시성 부족 – 머신러닝 엔지니어가 전체 학습 데이터에서 어떤 데이터를 선택적으로 사용했는지 알 수 없는 경우
4. 학습 데이터세트 안에 존재하는 편향에 대해 제대로 파악하지 못하는 경우

5. 모델 버전의 가시성 부족 - 모델을 지속적으로 개선하고 있는 경우, 전에는 잘되던 시스템이 지금은 잘 안 될 때 모델의 어느 부분이 달라졌는지 정확히 모르는 경우

유럽연합 집행위원회의 인공지능 고급 전문가 그룹이 내놓은 보고서 「신뢰할 수 있는 인공지능을 위한 윤리 가이드라인」[6]에는 투명성에 추적 가능성, 설명 가능성, 커뮤니케이션이라는 3가지 요구사항을 제시하고 있다. 이런 요구사항은 상위의 4개 윤리 원칙* 중 설명 가능성 원칙과 밀접하게 연결돼 있고, 인공지능 시스템에 관련된 데이터, 시스템, 비즈니스 모델이라는 3가지 요소의 투명성을 모두 포괄하고 있다.

추적 가능성은 인공지능 시스템의 의사결정을 산출하는 데이터 세트와 프로세스(알고리듬과 데이터 수집 그리고 데이터 레이블링을 포함함)에 대한 추적을 허용하고 투명성을 증가할 수 있도록 최적의 표준 방식으로 기록해야 한다는 것을 의미한다. 이를 통해 인공지능의 의사결정이 왜 오류를 내는지에 대한 원인을 식별할 수 있으며 미래 실수를 방지할 수 있다. 추적 가능성은 설명 가능성과 감리 가능성을 편리하게 만든다.

설명 가능성은 인공지능 시스템의 기술 프로세스와 관련한 인간의 의사결정을 설명할 수 있는 능력을 말한다. 기술 설명 가능성은

---

* 2장 2. 왜 언어 처리에서 불공정성이 생기는가 참조

인공지능 시스템의 결정을 인간이 이해하고 추적할 수 있음을 의미한다. 보고서에서 지적한 문제점 중 하나로 설명 가능성을 개선하면 정확도가 떨어질 수 있는 트레이드 오프가 있다. 그럼에도 인공지능이 인간의 삶에 중대한 영향을 미칠 때는 반드시 적절한 설명을 요구할 수 있어야 한다는 것이다.

커뮤니케이션은 인공지능 시스템이 사용자에게 인간인 것처럼 표현하면 안 된다는 것과 인간은 인공지능 시스템과 상호작용할 때 인공지능임을 알 권리가 있음을 말한다. 사람들이 인공지능을 인간과의 상호작용보다 더 선호할 때는 기본권 준수를 보장할 필요가 있다. 기본권이라 함은 인간의 자율성, 즉 자신이 인공지능의 의사결정을 듣고 있거나 상호작용하고 있음을 제대로 인지하게 하는 것이다. 나아가 인공지능 시스템의 능력과 한계 역시 적절한 방식으로 사용자에게 전달돼야 한다.

유럽연합 집행위원회에서 마련한 유럽 인공지능 법 초안[7]은 투명성 의무를 부여해야 하는 시스템의 특징(법률 5.2.4항)을 3가지로 적고 있다. 첫째 사람과 상호작용한다. 둘째 생체 데이터에 기반한 사회적 범주와 연관해 감정을 탐지하거나 결정하는 데 사용한다. 셋째 딥페이크와 같이 콘텐츠를 생성하거나 조작하는 것이다. 이런 시스템은 투명성 의무를 준수해야 한다고 요구하고 있다. 사람이 인공지능 시스템과 상호작용하거나 자동화 수단으로 감정이나 특성을 인식할 때는 그 상황을 알려야 한다는 것이다. 또한 인공지능 시스템을 진본과 닮은 이미지, 오디오, 영상을 생성하거나 조작하는 데 사용한다면 예외 없이 그 콘텐츠가 자동화 수단을 통해서 생성한 것임을 밝힐 의무가 있다는 것이다.

경제협력개발기구는 투명성과 설명 가능성은 다음과 같은 4가지 목적을 위한 것이라고 정리하고 있다.[8]

- 인공지능 시스템에 대한 일반적 이해를 조성한다.
- 이해관계자가 일하는 공간에서 인공지능 시스템과의 상호작용을 인지하도록 한다.
- 인공지능 시스템으로 영향을 받는 사람들이 결과를 이해할 수 있도록 한다.
- 인공지능 시스템으로 불리하게 영향을 받는 사람들이 그 결과에 맞설 수 있도록 해야 한다. 이 경우에 인공지능에 사용한 요소, 예측, 추천, 결정에 기반이 되는 알고리듬을 평이하고 이해하기 쉬운 정보로 제공해야 한다.

투명성의 원칙을 실제로 기술적으로 구현하기 위해 가장 우선해야 하는 것은 인공지능 시스템이 자기 결정을 사람들이 쉽게 이해할 수 있는 방식으로 설명하도록 만들거나 여러 가지 방식으로 설명에 해당하는 기능을 부여하는 것이다. 이와 관련한 주요 연구 상황을 살펴보도록 하자.

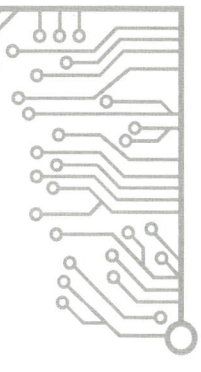

2
인공지능의 투명성 연구는 어떻게 되고 있는가

설명할 수 있는 인공지능XAI, eXplainable Artificial Intelligence은 인공지능 행위와 의사결정을 사람이 이해할 수 있는 방식으로 그 과정을 해석하거나 결과에 도달한 이유를 알 수 있도록 도와주는 기술을 말한다. 블랙박스 방식의 딥러닝 기술이 가진 문제점을 해결해야만 실제에서 응용할 수 있는 경우가 많다. 대표적인 분야가 금융, 행정, 인사 관리 분야다.

예일대학교의 웬델 월러치와 같은 많은 전문가는 기업이 인공지능 시스템의 과정이나 결과를 설명할 수 없다면 미션 크리티컬mission critical 애플리케이션[9]이나 인간에게 해를 끼칠 수 있는 애플리케이션에 인공지능을 도입해서는 안 된다고 주장한다. 그러나 결과나 애플리케이션을 과학자들이 제어할 수 있는 의료 인공지능 분야 등은 설명이 불가능해도 연구개발이 이루어질 수 있다고 본다.[10] 설명할 수 있는 인공지능 연구가 빠르게 성장하고 있다고 하지만 아카이브 arXiv에 공개한 논문 중 제목에 'explainable(설명할 수 있는)' 키워드를 포함한 논문이 2015년 9건에서 2019년 236건밖에 증가하지 않은 것을 보면 아직 충분하지 않다는 생각이 든다.[11]

설명할 수 있는 인공지능을 위한 기본 연구 중 하나는 미국 방위고등연구계획국DARPA에서 2017년부터 본격적으로 진행한 설명할 수 있는 인공지능 프로젝트이다. 이를 통해 관련 연구계의 관심이 크게 늘었다. 물론 방위고등연구계획국은 어디까지나 국방과 안보와 관련해 이 기술이 중요하다고 판단해 연구할 필요성이 있었을 것이다. 하지만 이 기술은 은행의 대출 심사, 기업의 면접, 복지 수당의 적용 수준 판정 등 실제 인공지능을 활용하고자 하는 많은 영역에서 더 필요한 기술이기도 하다. 방위고등연구계획국의 연구는 크게 '설명 모델'과 사용자를 위한 '설명 인터페이스'를 개발하는 것으로 구성된다. 이에 따라 연구 목적을 2가지로 제시하고 있다.

- 예측 정확도와 같은 높은 수준의 학습 성과를 유지하면서 더 설명 가능한 모델을 산출하도록 한다.
- 인간 사용자가 새롭게 등장한 인공지능 파트너를 이해하고 적절히 신뢰하며 효과적으로 관리할 수 있도록 한다.

전자는 머신러닝 프로세스를 변경해 더 설명 가능한 모델을 생성

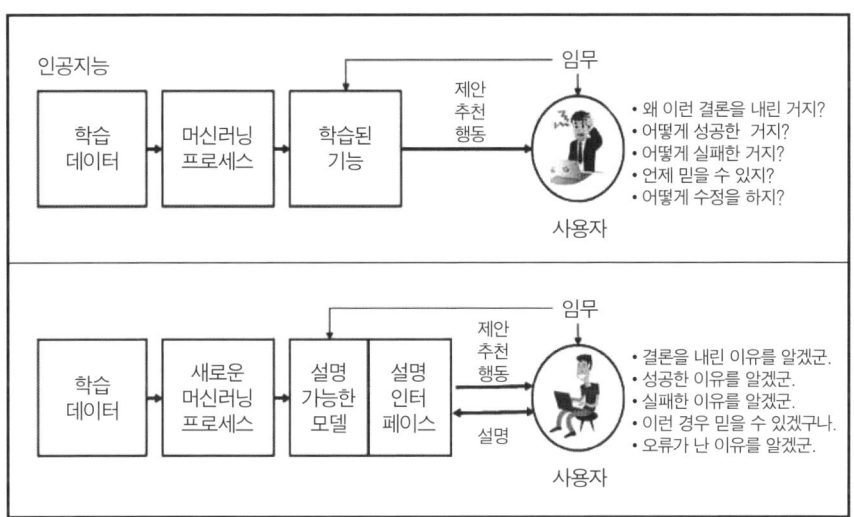

(출처: 미국 방위고등연구계획국)

하는 방안이고, 후자는 이런 설명 구성 요소를 인간이 이해할 수 있게 만드는 방안이다. 다시 말해 후자는 설명 인터페이스, 올바른 인간-컴퓨터 상호 작용HCI, Human-Computer Interaction, 인지심리학을 포함하며 설명 가능한 모델에서 가져온 콘텐츠 특징에서 가장 이해 가능한 설명을 생성하는 것을 말한다.

　설명할 수 있는 인공지능 프로젝트는 여러 가지 다른 기술의 포트폴리오를 만들어 문제를 풀어보려는 실험이다. 초기에는 최종 사용자에 대한 설명을 목표로 했으나 인공지능 알고리듬 작성자도 설명이 필요하다는 것을 알게 되면서 양측 모두가 사용할 수 있는 기술을 추구하는 병행 트랙으로 접근하고 있다. 또한 딥러닝 방식 외에도 기존의 다른 방식으로도 접근하고 있다.

설명할 수 있는 인공지능 프로젝트는 12개 팀이 참여했으며 그중 11개 팀은 동시에 프로젝트를 수행하고 있다. 앞으로는 군사 인력을 통해 실질 국방 시나리오를 검증할 예정이다. 테스트 데이터는 국방부 정보분석관이 사용하는 것과 가까운 위성 비디오 등을 활용한다. 프로그램이 진행되면서 테스트 문제는 4~5개의 공통 문제로 통합하고 일반화할 것이며 이를 통해 팀 간의 기술과 성과를 좀 더 객관적으로 비교할 수 있게 될 것이다.

설명할 수 있는 인공지능 프로젝트의 두 영역 중 설명 가능한 모델 연구는 기존의 머신러닝 기술을 개선하거나 새로운 기술을 통해 학습 능력을 유지하면서 설명 가능성을 향상하고자 한다. 이를 위해 심층 설명 학습deep explanation, 해석 가능한 모델interpretable models, 모델 유도model induction 3가지 방향으로 개발하고자 한다.[12]

첫째, 심층 설명 학습은 딥러닝 모델을 활용하면서 설명 기능을 확보하는 방안이다. 주로 주목 메커니즘attention mechanism, 모듈식 네트워크modular network, 특징 식별feature identification, 설명 학습learn to explain 방식 등의 연구를 진행하고 있다. 이미 알려진 기술 중에는 신경망의 서로 다른 계층에 요소를 첨가해 학습 도중에 발전하는 복잡한 연결을 좀 더 잘 이해하도록 하는 방법이 있다.

둘째, 해석 가능한 모델은 딥러닝에 본질적으로 설명 가능한 다른 인공지능 모델을 추가하는 방식이다. 확률 관계 모델이나 발전된 의사결정 트리 모델 같은 것인데, 이는 인공 신경망의 발전 이전에 사용된 모델이다.

심층 설명 학습 방식

주목 메커니즘

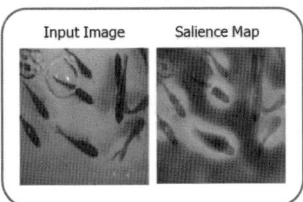

모듈식 네트워크

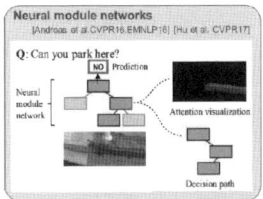

특징 식별

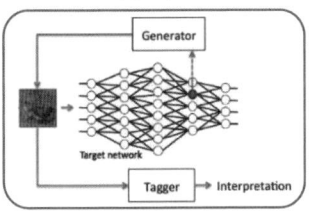

설명 학습

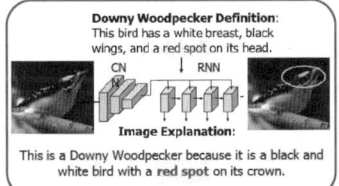

(출처: 미국 방위고등연구계획국)

 셋째, 모델 유도 방식은 모델 자체는 알 수 없다는 것에서 출발하는 방식이다. 모델을 블랙박스로 취급하고 그 행위를 설명할 수 있는 무엇인가를 유추하는 실험을 통해 모델의 행위를 설명하려는 방식이다. 여기에는 보스턴대학의 라이즈RISE와 같은 연구가 해당된다. 라이즈는 신경망 내부를 깊이 파지 않고 신경망이 어디에 집중하는지 파악한다. 입력 데이터에 대해 신경망이 의사결정 과정에서 집중하는 부분을 히트맵으로 보여주는 방식으로 인공 신경망의 처리 과정을 이해하고자 한다.[13]

 이에 반해 버클리대학 팀은 딥러닝 시스템 자체를 더 설명 가능하게 만드는 데 관심을 갖고 있다. 이를 위한 방식으로 신경망이 모듈식 구조를 학습하고, 각 모듈은 설명을 생성할 수 있는 특정 개념을 인식하도록 학습시킨다. 또 다른 방식으로 두 개의 딥러닝 시스템을 만들어 하나는 결정을 하도록 훈련하고 다른 하나는 설명을 생성하도록 학습시킨다. 많은 연구가 설명을 위해 시각적 방식을 사용한다. 그에 반해 버클리대학의 방식은 시각적 설명과 구두 설명을 결합한 것이다. 이미지를 보여주고 이미지에 대한 질문을 하면서 라이즈 시스템을 활용해 인공지능 시스템이 바라보는 이미지의 어떤 특징을 하이라이트로 보여주는 시각적 설명 방식과 신경망이 중요하게 찾아낸 개념의 특징을 구두로 설명하는 방식이다.[14]

매사추세츠대학교 팀과 함께 하는 찰스 리버 애널리틱스Charles River Analytics의 연구는 모델 유도 방식이다. 즉 머신러닝 시스템을 블랙박스로 여기고 실험을 한다. 이들의 설명 시스템은 수백만 개의 시뮬레이션 사례를 작동해 모든 종류의 입력을 시도하고 어떤 출력이 나오는지 본다. 그다음 그 행위를 기술할 수 있는 모델을 추론하는 방식이다. 이들은 모델 자체를 확률 프로그램으로 표현하며, 어떤 모델이 더 설명 가능한가를 판별하고 선택한 모델을 이용해 설명을 생성한다.

IBM과 하버드대학교 연구팀은 2018년 베를린에서 열린 전기전자기술자협회IEEE의 '시각 분석 과학과 기술 콘퍼런스'에서 발표한 논문에서 기계 번역의 오류 등을 확인하기 위한 시각화 기술을 발표했다.[15] 'Seq2Seq-Vis'라고 이름 붙인 이 도구는 심층 신경망에서 만들어지는 결정을 해석하기 위한 도구다. 많은 기계 번역 시스템에서 사용하는 Seq2Seq 모델에 기반을 두고 번역 프로세스의 서로 다른 단계를 시각적으로 나타냈다. 이를 통해 사용자는 모델의 결정 프로세스를 검토하고 어디서 오류가 발생했는지를 찾을 수 있다. 또한 오류의 발생이 학습 데이터에서 유발돼 소스와 결과를 분류하는 네트워크 문제인지, 인코더와 디코더를 연결하는 주목 모델attention model을 잘못 구성한 것인지, 번역 모델의 결과를 정제하는 빔 서치beam search 문제인지를 판단할 수 있다.

시각화를 통한 인공지능 시스템의 의사결정 과정을 해석하고자 하는 연구 중 하나는 오픈AI와 구글 연구자들이 협력해 만든 '액티베이션 아틀라스Activation Atlases' 기술이 있다.[16] 2019년 3월에 발표한 이 연구는 특징 시각화를 기반으로 신경망의 숨은 레이어hidden layer가 무엇을 표현하는가에 대한 분석을 시각적으로 표현하는 것이다. 초기에는 개별 뉴런에 초점을 맞추었으나 수십만 개의 뉴런이 상호작용하는 것을 모아서 시각화함으로써 뉴런이 결합해시 나타내고자 하는 것이 무엇인지 알려준다. 이는 설명 가능성도 높이지만 적대적 데이터로 신경망을 무력화하려는 시도에 대해 검사를 할 수 있다는 면도 있다.

MIT와 스페인의 카탈루냐개방대학, 홍콩대학의 연구진은 2020년 미국 『국립과학원회보PNAS』에 발표한 논문에서 매우 흥미로운 결과를 제시했다.[17] 이미지 분류를 위한 합성곱 신경망CNN, Convolutional Neural Network에서 숨은 레이어에 있는 특정 유닛이 어떤 객체에 대한 의미와 대응하는지를 확인할 수 있는 분석 프레임워크를 제안했다. 같은 방식을 이미지 생성을 위한 생성적 적대 신경망GAN,

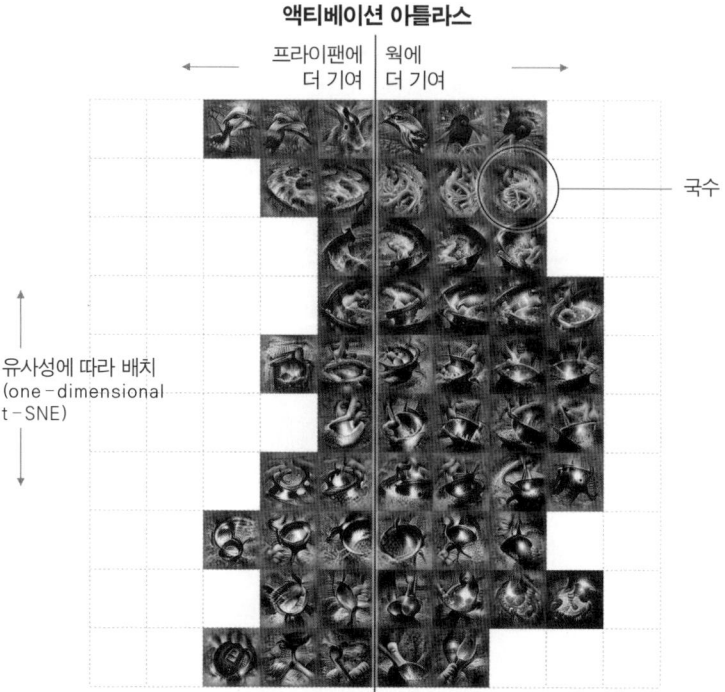

인셉션V1 모델이 웍과 프라이팬을 구별하는 과정에서 국수의 유무에 의존하는 것을 보여주고 있다. (출처: 오픈AI)

Generative Adversarial Network에 적용해 작은 그룹의 유닛이 활성화되거나 비활성화되는 것을 통해 어떤 변화를 주었는지 확인할 수 있다는 것이다. 나아가 이미지 편집을 통한 적대적 공격을 파악하는 데도 적용할 수 있음을 확인했다.

국내 정보통신기획평가원IITP에서 2020년 12월에 출간한 『인공지능 기술 청사진 2030』에 따르면 설명할 수 있는 인공지능에 대한 접근 방법을 입력 요인 분석, 내부 분석, 주목 분석, 대리 모델 분석 4가지로 분류한다.[18] 입력 요인 분석은 입력과 출력 결과 사이의 딥러닝 모델의 경도_gradient 또는 관련성 점수 분석을 통한 방법으로 DeepLIFT, LRP, RAP, guided Backpro, GradCAM 같은 모델이 있다. 내부 분석은 딥러닝 내부 뉴런의 활성화 조건을 분석하는 것으로 네트워크 해부 방식과 GAN 해부 방식이 있다. 주목 분석은 모델이 어디에 주목하는지 그 메커니즘을 분석하는 방식이며 RETAIN, Saliency Maps 등이 있다. 마지막으로 대리 모델 분석은 설명 가능성을 제시하는 대리 모델을 학습하는 방식으로 LIME, SHAP, DeepRED, RULEX 등의 연구가 있다.

설명을 어떻게 제시할 것인가에 대한 접근은 분석, 케이스, 데이터에 기반해 덜 선호하는 다른 대답을 거부하는 방식, 설명 결과를 자연어 생성을 통해 분석적으로 기술하는 방식, 영향력을 중심으로 하는 학습 데이터 시각 방식, 설명 가능한 특수 예제나 상황(스토리)을 기반으로 하는 방식 등이 있다.

유럽에서 진행하고 있는 대표적인 기술 연구는 자연어 생성과 처리, 논증 기술과 상호작용 대화 기술을 이용해 인공지능의 의사결정 결과를 자연어로 설명하는 기술 연구인 NL4XAI, 시각적 장면 이해를 위해 멀티 모달러티, 시간적 연속성, 메모리 메커니즘에 기반한 학습과 설명이 가능한 딥러닝 기술 연구인 DEXIM, 구조화된 네트워크 아키텍처, 확률 방법, 생성과 분류 하이브리드 방법을 이용해 견고성을 향상하고 설명이 가능한 컴퓨터 비전 기술 연구인 RED 등이 있다.

국내에서는 2017년부터 2021년까지 과기부와 정보통신기획평가원이 설명할 수 있는 인공지능 프로젝트를 통해 인식 결과에 대한 설명 가능성, 예측 모델에서의 판단 근거에 대한 설명 가능성과 설명 모드에 대한 연구를 수행했다. 설명 가능한 인과 관계 학습 추론 기술, 설명 가능한 원샷/제로샷 학습 모듈, 의사결정의 이유 제시를 위한 설명 가능한 인터페이스, 의료와 금융 분야 등 설명할 수 있는 인공지능의 실세계 적용 등에 관한 연구 등이다.

그러나 아직 대부분의 연구는 학습된 딥러닝 모델의 입력-출력, 입력-레이어, 입력-뉴런 사이를 분석해 모델의 출력 결과에 대한 근거를 제공하는 수준에 머물러 있다. 판단 결과를 뒷받침하는 근거 인식에 대한 연구는 부족한 상황이다.

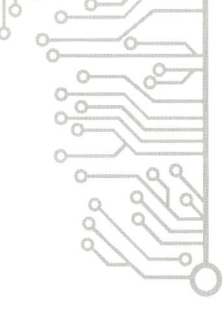

3
주요 테크 기업은 투명성에 어떻게 대응하는가

투명성을 지원하기 위해 마이크로소프트는 투명성 노트라는 것을 발표했다.[19] 마이크로소프트는 투명성을 다음과 같이 설명하고 있다.

"인공지능 시스템은 기술만을 포함하는 것이 아니라 사용하는 사람, 영향 받는 사람, 배포된 환경을 모두 포함한다. 의도한 목적에 적합한 시스템을 만든다는 것은 기술이 작동하는 방법, 그 기술의 역량과 한계, 최고 성능을 달성하는 방법에 대한 이해가 필요하다. 마이크로소프트의 투명성 노트는 사람들이 우리의 인공지능 기술이 작동하는 방법, 시스템 소유자가 시스템의 성능과 행위에 영향을 주는 선택, 그리고 기술, 사람, 환경을 포함한 전체 시스템에 대한 생각의 중요성을 이해하도록 돕기 위한 것이다."

이런 배경에서 투명성 노트는 마이크로소프트의 '책임감 있는 인공지능 원칙'을 실천하기 위한 행동의 한 부분이다. 최근에 '커스텀 뉴럴 보이스Custom Neural Voice' 기술을 소개하면서 그 기술에 대한 투명성 노트를 함께 발표했다. 이 투명성 노트는 기본 소개, 주요 사용 사례, 사용 사례 선택 시 고려할 사항과 마이크로소프트의 행동 강령 Code of Conduct, 기타 관련 자료에 대한 링크를 제공한다.[20]

마이크로소프트가 설명할 수 있는 인공지능 영역에서 제공하는 도구 중 하나는 인터프리트MLInterpretML이라는 오픈소스 툴킷이다.[21] MIT 라이선스[22] 조건으로 공개한 인터프리트ML은 이해 가능한 모델을 다양하게 구현했는데 '설명 가능한 부스팅 모델Explainable Boosting Mode'과 설명을 생성할 수 있는 여러 모델을 포함하고 있다. 이를 통해 각각 다른 모델이 산출하는 설명을 비교, 대조할 수 있으며 요구사항에 맞는 모델을 선택할 수 있다. 지원하는 기술은 설명 부스팅, 의사결정 트리, 로지스틱 회귀, SHAP 커널 설명 기능 등 9개가 있으며 모두 관련 논문과 함께 소개하고 있다.

깃허브에 공개한 현재 버전에서 마이크로소프트는 '해석 가능성 interpretability'이 다음과 같은 용도에 필수적이라고 보고 있다. 현재는 버전 0.2.4의 초기 단계다.

- 모델 디버깅 – 왜 이 모델이 오류를 만드는가?
- 특징 엔지니어링 – 모델을 어떻게 개선할 수 있는가?
- 편견 검출 – 이 모델이 차별을 하는가?

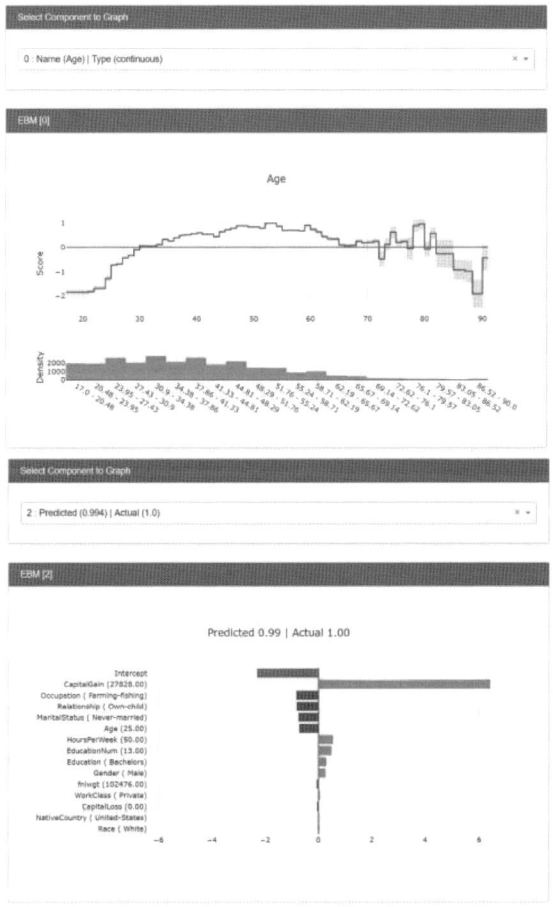

(출처: 깃허브)

- 인간-인공지능 협력 – 모델의 결정을 어떻게 이해하고 신뢰할 것인가?
- 규율 준수 – 모델이 법적인 요구사항을 만족하는가?
- 고위험 애플리케이션 – 헬스케어, 금융, 법률 등

기본 개념은 해석 가능한 글래스박스 모델을 학습시켜서 블랙박스 시스템을 설명하게 하는 것이다. 이를 위해 4가지 디자인 원칙을 따랐다. 첫째는 다양한 알고리듬을 쉽게 비교할 수 있게 하는 것이다. 사용자의 니즈에 가장 잘 맞는 알고리듬을 찾는 데에는 비교가 제일 중요하다. 두 번째는 참조 알고리듬과 시각화를 최대한 사용해서 소스에 대해 가장 정확한 형태로 보여주는 것이다. 세 번째는 오픈소스 생태계를 활용해서 이미 만들어진 다양한 도구들이나 프로젝트와 잘 어울리게 만드는 것이다. 네 번째는 인터프리트ML의 어떤 구성 요소도 전체 프레임워크를 변경하지 않으면서 사용하거나 확장할 수 있게 하는 것이다.

구글은 아예 '설명할 수 있는 인공지능'을 하나의 도구이자 프레임워크로 발표했다.[23] 구글은 2019년 11월에 런던에서 열린 구글 넥스트 이벤트에서 또 다른 방식의 설명할 수 있는 인공지능 기능을 선보였다. 이 기능은 해석 가능하고 포용적인 머신러닝 모델을 도입하기 위한 도구와 프레임워크다.

이 프레임워크는 인공지능 설명, 왓이프 도구, 지속적 평가라는 3가지 기능으로 이루어졌다. 인공지능 설명 기능은 데이터세트에 있는 각 특징이 알고리듬 결과에 얼마나 영향을 주는지를 정량적으로 보여주며 각 데이터 요소는 머신러닝 모델에 얼마나 영향을 주는지 점수로 반영한다. 이를 위해 특징 기여 feature attribution 분석을 하는 데 다음과 같은 점을 고려한다.[24]

- 각 기여는 어떤 기능이 특정 사례에 대한 예측에 얼마나 영향을 주는지를 보여준다. 따라서 전체 데이터세트에 대한 기여를 모아야 데이터세트에 대한 대략적인 모델 행위를 이해할 수 있다.
- 기여는 전적으로 모델과 모델을 학습시키는 데 사용한 데이터에 의존한다.
- 기여만으로는 모델이 공정하고 편향되지 않으며 건전한 품질을 가졌는지 설명할 수 없다. 학습 데이터세트, 과정, 평가 지표를 조심스럽게 평가해야 한다.

그러나 구글 사이트에는 특징 기여 분석은 모델이 예측에 특정 특징을 사용 중인지만 나타내는 것이지 데이터에서 근본적인 관계를 밝히는 것은 아니라고 그 한계를 설명하고 있다.

특징 기여 분석을 사용하기 위해 통합 경사integrate gradient 방식, 평가 영역 적분으로 설명하는 XRAIeXplanation with Ranked Area Integrals 방식, 샘플링된 샤플리sampled Shapley 방식을 제공하고 있다.[25] 통합 경사 방식은 신경망 같은 많은 특징 공간을 갖는 모델에 적합하며 분류나 회귀 방식에 사용될 수 있다. XRAI는 이미지가 겹치는 영역을 평가해 특징 맵을 만들어 이미지의 관련 영역을 강조 표시한다. 샘플링된 샤플리 방식은 트리 구조와 신경망의 앙상블 유형에 적합하며 각 특징 결과에 점수를 부여하고 특징의 서로 다른 순열을 고려한다.

통합 경사 방식은 2017년 국제머신러닝학회ICML 콘퍼런스에서 구글 연구자들이 발표한 논문[26]에 기초한다. 구글 문서에는 다음과 같

특징 기여 분석 오버레이가 있는 고양이와 강아지 사진

(출처: 구글)

이 통합 경사의 의미와 제한사항을 설명하고 있다.

"통합 경사는 픽셀 기반의 기여 분석 방법으로 대비에 관계없이 이미지의 중요한 영역을 강조해서 엑스레이와 같이 자연적이지 않은 이미지에 적합하다. 기본 출력은 윤곽선을 그려 이미지에서 긍정적인 기여도가 높은 영역을 강조하지만, 이러한 윤곽선은 순위가 없고 여러 객체에 걸쳐 표시될 수 있다."

이 방식은 특징 공간이 큰 모델에 권장되며 테이블 형식 데이터 분류나 이미지 데이터 분류에 모두 사용할 수 있다.

XRAI는 통합 경사 방식을 추가 단계와 결합해 이미지의 어느 영역이 특정 클래스 예측에 가장 많이 기여하는지 확인한다. 이미지의 각 세그먼트에 대한 픽셀 수준 기여를 집계해 기여 밀도를 결정하고 이 값을 사용해 각 세그먼트의 순위를 지정한 후 가장 높은 순으로 세그먼트를 정렬한다. 이렇게 해서 이미지의 어느 부분이 가장 중요한지 또는 특정 클래스 예측에 가장 크게 기여하는지를 보여준다.

샤플리 방식은 협조적 게임 이론에 기반한 것이며 결과물에 대해

(출처: 구글)

각 참여자에게 기여도를 분배하는 방식이다. 원래 구글이 데이터 기반 기여 모델의 기초 이론으로 채택한 방식이다. 따라서 샤플리 값을 머신러닝 모델에 적용하는 것은 각 모델의 특징을 게임에서의 '플레이어'로 취급하는 것이고 특정 예측의 결과에 각 특징의 비율에 따른 값을 부여한다.

공정성에도 사용하는 왓이프 도구는 다양한 시각화 기능으로 데이터세트의 여러 특성에 따른 모델 성능을 검토할 수 있다. 이를 통해 전략을 최적화하거나 개별 데이터 포인트 값을 변경해 결과를 보기도 한다. 설명 가능한 기능과 연계하면 설명이 더 확실해질 수 있다. 왓이프 도구는 구글의 AutoML 테이블과 클라우드 인공지능 플랫폼 예측에서 사용할 수 있다.

또한 구글의 알고리듬에 대한 전반적인 정보를 담은 '모델 카드'를 제공해 모델의 성능과 한계에 대해 실제적인 세부사항을 알려준다. 개발자들이 어떤 모델을 어느 목적에 사용할 것인지 빠르게 판단하고 책임 있게 채택하도록 도와준다.

IBM이 발표한 인공지능을 위한 신뢰성 도구는 대체로 이름에 360 숫자가 붙어 있다. 설명 가능성 도구 역시 '인공지능 설명 가능성 360 AI Explainability 360'이라는 이름으로 2019년 8월에 발표했다. 이 도구는 오픈소스 툴킷으로 머신러닝 모델의 해석 가능성과 설명 가능성을 지원한다. 다양한 소개 자료와 함께 신용 승인, 의료 경비, 피부 검사, 헬스와 영양에 관한 설문조사, 사전 보존 등의 튜토리얼을 제공하고 있다.

IBM이 설명 가능성 도구에 적용하는 알고리듬은 8개이다. 대표적으로 부울 대수 의사결정 규칙, 일반화한 선형 규칙 모델, ProfWeight, 인공지능이 결정을 설명할 수 있도록 학습하기, 반대 설명 방식, 포토대시 등이 있다. 이들은 모두 깃허브에 소스가 공개돼 있다. 또한, 설명 가능성의 정량적 지표를 얻기 위한 연구 커뮤니티도 운영하고 있다.

IBM이 인공지능의 투명성을 위해서 제시하는 또 하나의 방법은 '팩트시트 FaceSheet'다. 팩트시트는 2018년 IBM 연구자들이 발표한 논문에 기반을 둔 것으로 시스템 운영, 학습 데이터, 테스트 셋업과 결과, 성능 벤치마크, 공정성과 견고성 체크, 의도한 사용, 유지 보수,

오디오 분류기에 대한 IBM 팩트시트의 사례

Audio Classifier

Overview
Purpose
Intended Domain
Training Data
Model Information
Inputs and Outputs
Performance Metrics
Bias
Robustness
Domain Shift
Test Data
Optimal Conditions
Poor Conditions
Explanation
Contact Information

Overview

This document is a FactSheet accompanying the Audio Classifier model on IBM Developer Model Asset eXchange. FactSheets aim at increasing trust in AI services through supplier's declarations of conformity and this FactSheet documents the process of training the Audio Classifier model as well as its expected results and appropriate use.

Purpose

This model classifies an input audio clip. The audio clip is passed to the model and the model predicts the top 5 classes it detects in the clip. If the audio contains only one particular class of audio, it will predict that + 4 closely related classes. If the audio contains multiple audio sources, it will try to predict up to 5 of those.

This model recognizes a signed 16-bit PCM wav file as an input, generates embeddings, applies PCA transformation/quantization, uses the embeddings as an input to a multi-attention classifier and outputs top 5 class predictions and probabilities as output. The model currently supports 527 classes which are part of the AudioSet Ontology. The classes and the label_ids can be found in class_labels_indices.csv. The model was trained on AudioSet as described in the paper 'Multi-level Attention Model for Weakly Supervised Audio Classification' by Yu et al.

Intended Domain

This model is intended for use in the audio processing and classification domain. Classes

(출처: IBM)

재학습 등에 대한 설명을 모두 담고 있다. 구글의 모델 카드와 유사한 개념의 팩트시트는 다시 '인공지능 팩트시트 360AI FactSheets 360'이라는 프로젝트로 구체화됐다.[27] 위 내용을 보면 매우 상세하게 모델에 대한 정보를 담고 있는 것을 알 수 있다.

2020년 7월 페이스북은 설명할 수 있는 인공지능을 개선하기 위해 캡텀Captum을 피들러Fiddler와 협력한다고 발표했다.[28] 캡텀은 파이토치PyTorch를 위한 해석 가능성 라이브러리로서 페이스북이 2019년 10월에 오픈소스로 공개한 것이다. 연구자와 개발자가 어떤 특징, 뉴런, 레이어가 모델의 예측에 얼마나 공헌하는지를 더 잘 이해할 수 있게 해서 현재 가장 뛰어난 알고리듬을 쉽게 판단할 수 있다. 캡텀은 시각과 문서와 같은 다양한 모델러티에 대한 모델 해석 가능성을

캡텀 화면

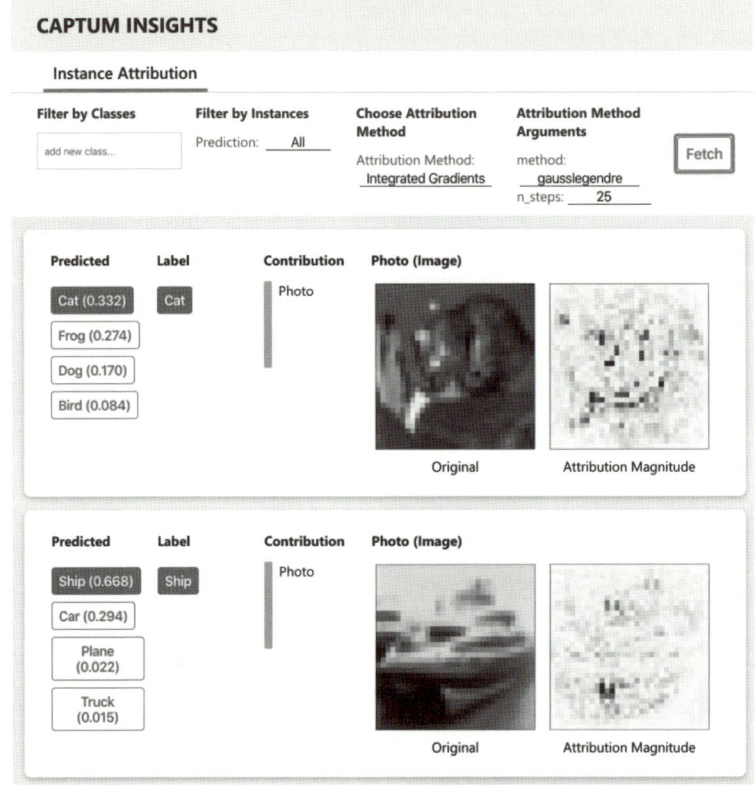

(출처: 깃허브)

지원하면서, 연구자들이 새로운 알고리듬을 추가할 수 있도록 했다. 또한 연구자들이 연구 결과를 라이브러리에 있는 다른 알고리듬과 빠르게 비교 분석을 할 수 있게 돼 있다.

현재 베타 상태인 이 오픈소스에는 DeepLIFT, GradientShap, Integrated Gradients, Neuron Integrated Gradients, Layer Conductance, NeuronConductance, Internal Influence와 같

대출 위험 예측 모델에 대한 설명 기능

(출처: 피들러)

    은 해석 가능성 기능을 지원하는 알고리듬을 포함하고 있다. 캡텀과 피들러와의 협력을 통해 설명할 수 있는 인공지능 플랫폼인 피들러가 제공하는 인공지능 의사결정 프로세스의 행위 분석을 제공하기 위한 것이다. 즉, 잘못 예측하거나 편향이 있거나 공정하지 못한 이슈를 발견해 이를 해결하도록 한 것이다

    피들러는 캘리포니아 팰로앨토에 위치한 스타트업으로 크리슈나 가데Krishna Gade와 아밋 파카Amit Paka가 설립했다. 피들러가 개발하고 있는 설명 가능한 엔진은 인공지능 솔루션을 분석, 검증, 관리하도록 디자인된다. 창업자인 가데는 페이스북에서 일할 때 왜 특정 이야기

가 뉴스 피드에 나타나는가를 설명하는 시스템을 개발했다. 현재는 주로 은행과 금융기관, 금융 기술, 인공지능 모델 리스크 관리, 신뢰와 컴플라이언스 분야의 기업과 일하고 있다.

피들러가 제시하는 솔루션은 3가지이다. 첫째, 데이터를 분류해서 그룹화한 뒤 그 그룹에 대한 모델 성능의 차이점을 설명하며 그 차이가 학습 데이터, 모델, 추론 엔진 중 어디에 기인하는지 그 지점을 찾아낸다.

둘째, 인공지능 솔루션이 전체 데이터세트에 대해 어떤 행위를 하는지를 배우면서 특정 데이터 영역을 확대해서 그 영역이 인공지능 모델에 어떤 영향을 미치는지를 살핀다. 이때 사용하는 것이 '만약에$_{what-if}$' 시나리오로 특정 영역이 결과에 미치는 잠재적 영향을 다양하게 살펴볼 수 있다.

셋째, 인공지능 컴플라이언스를 검증하는 것으로 내재된 편견을 찾아내거나 제거하는 기능이다. 이를 통해 인공지능 솔루션이 산업 규율을 준수하는지 확인하며 설명 가능성 기능에 윤리, 공정성, 책임감 있는 인공지능 솔루션을 생성할 수 있도록 한다. 마지막으로는 인공지능 솔루션의 성능 모니터링으로 오류를 찾아내 빠르게 수정하도록 한다. 예측에서 나타나는 아웃라이어를 추적하고 최적의 성과를 보장하기 위해 시계열로 데이터를 변화시킨다.

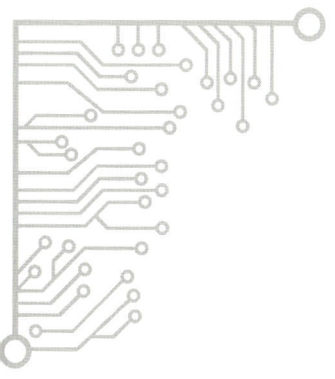
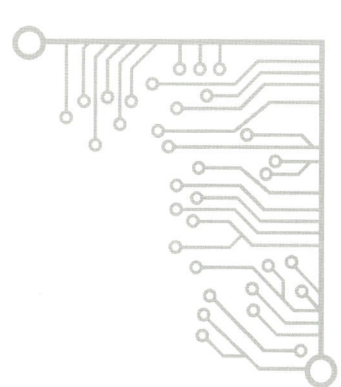

4
마치며

투명성이 단지 설명 가능성으로만 해결되는 기술 영역은 아니다. 하지만 인공지능 시스템이 사회적으로 중요한 의사결정을 할 때 설명 가능성을 향상하는 프레임워크를 개발하는 것은 기본이다. 개인이 원하지 않은 결과가 발생할 때 이런 프레임워크를 통해 사실적이고 직접적이며 명확한 설명을 얻을 수 있어야 한다. 이를 위한 연구개발은 앞으로도 계속 이루어질 것이다. 또한 설명할 수 있는 인공지능은 국지적 설명과 전반적 설명을 모두 생성하도록 해야 한다. 국지적 설명은 인공지능 시스템에 의한 개별 결정을 해석하는 것이다. 전반적 설명은 인공지능 모델의 행위에 배경이 되는 전반적인 논리를 제공하는 것으로 이는 아직도 풀어야 할 과제이다.

다시 말해 특정 사례에 대해서 왜 그와 같은 판단이나 결과를 보였는지를 설명하는 것보다는 더 폭넓은 이해를 위해 시스템 전체가 어떻게 작동하는지를 설명하는 전반적인 설명 기능이 있어야 한다. 이에 대해 미흡하게나마 모델 카드나 팩트시트를 통해서 일부 대응하고 있으나 정보를 이해하기 위해서는 전문가의 해석이 필요하다. 따라서 이런 정보를 바탕으로 매우 자연스럽고 쉽게 설명할 수 있는 기능 역시 필요하다. 앞으로 개발 방향은 기존 모델 내부를 분석해 테스트 데이터에 대한 설명 가능성을 제공하는 플러그앤플레이 방식, 의사결정 지원과 같은 인간-인공지능의 협업을 위해 판단 근거를 제시하는 방식, 다양한 설명 모드를 복합적으로 제공하는 방식, 설명을 통해 모델에 대한 신뢰를 갖게 하는 방식 등 크게 4가지로 발전할 수 있다.

국내에서도 설명할 수 있는 인공지능을 개발하기 위한 연구를 기초 기반 기술로 진행하고 있다. 가장 선도적인 연구를 하는 카이스트 인공지능대학원의 최재식 교수는 필자와의 대화에서 '가장 많은 연구는 역시 모델 유도 방식이지만 아직 성능이나 이론적 결론이 부족하다.'라고 의견을 표명했다. 인공지능을 실세계에 적용하려면 투명성과 설명 가능성 기능이 반드시 필요하다. 앞에서 말한 대로 금융, 채용, 많은 공공서비스에서는 설명 기능 없이는 실제로 서비스로 채택하기 어려울 것이다.

다만 여기서 어려운 점은 투명성이라는 원칙이 기업이 가진 핵심 기술의 내부를 공개하지 않으면서 적정선에서 이루어져야 한다는 것이다. 지금도 알고리듬의 투명성은 매우 민감한 사회적 논란으로 다루어지고 있다. 따라서 기업의 비밀을 보장하면서 동시에 적정한 수준의 투명성은 어디까지인지 그 기준을 정립하는 작업이 필요하다. 이런 상황이기 때문에 현재 투명성을 위한 도구는 아직 개발자를 위한 도구 수준에 머물러 있다. 최종 사용자가 원하는 수준의 설명 기능을 위해서는 인간-인공지능 상호작용과 심리학 모델, 설득을 위한 방식 등에 대한 인지과학과 커뮤니케이션 연구가 더 필요하다.

어떻게 설명해야 사람들이 더 쉽게 이해하며 인공지능의 의사결정을 신뢰할 것인가? 텍스트가 유용한지, 시각화가 더 효과적인지는 상황이나 애플리케이션 도메인에 따라 다를 수 있으며, 그 과정에 사람의 개입이 필요한지, 모두 자동으로 제공해도 상관없는지 등 우리가 알아야 할 것이 아직 많다. 공정하고 윤리적이며 투명한 인공지능이라 할지라도 조작이 간단하거나 약간의 조작에 쉽게 무너진다면 우리가 사용할 수 없다. 우리가 사용할 수 있는 견고하고 안전한 인공지능, 이것이 다음 장의 주제다.

5장

인공지능의 견고성과 안전성

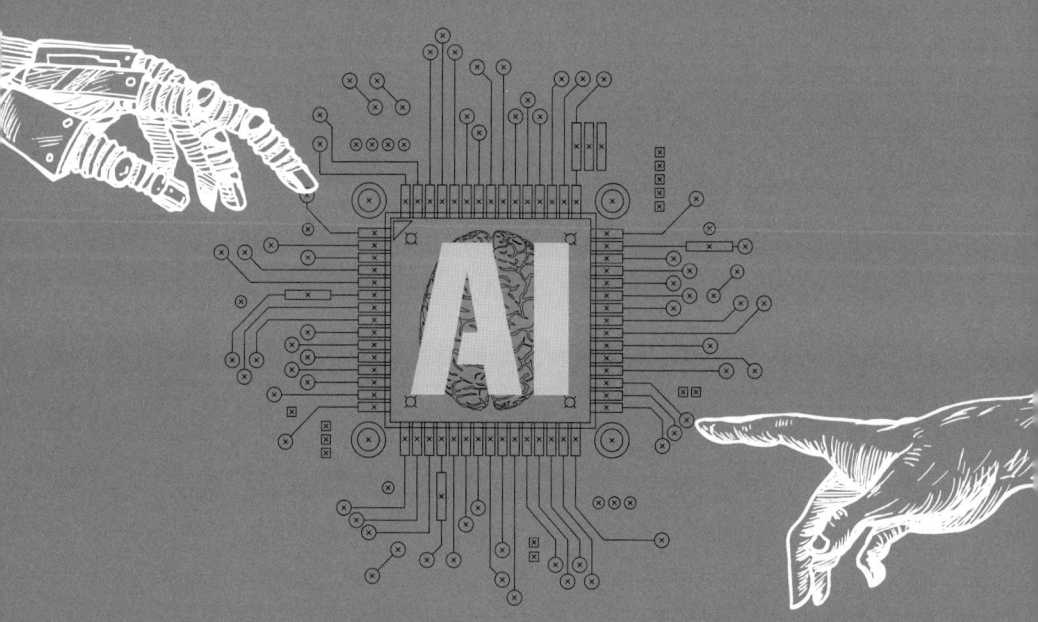

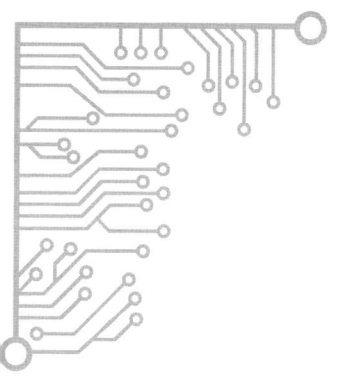

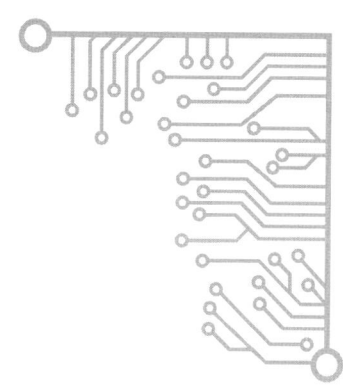

데이브: 포드 베이 문을 열어, 할!

할: 미안합니다, 데이브. 유감이지만 그렇게 할 수 없습니다.

— 영화 「2001: 스페이스 오딧세이」 중에서 데이브와 할 9000의 대화

2018년 8월 13일 미국에서는 존 메케인John S. McCain 상원의원의 이름이 붙여진 2019년 회계연도 국방수권법NDAA이 통과됐다. 이 법의 1051조에 따라 '인공지능에 대한 국가안보위원회NSCAI'가 구성됐다. 위원회는 미국의 국가 안보와 방위 목적에 따라 인공지능, 머신러닝, 그리고 관련 기술의 개발을 촉진하는 정책 수단과 방법을 제언하는 독립적인 위원회이다. 미국 국방성이 인적 자원, 사무 공간, 계약 등의 행정 업무를 지원하고 있다. 위원회 의장은 에릭 슈미트이며

위원들은 업계의 쟁쟁한 인물과 학계 인사들로 구성됐다. 아마존의 차기 CEO이며 아마존웹서비스AWS를 총괄하는 앤디 재시Andy Jassy, 마이크로소프트의 에릭 호르비츠Eric Horvitz, 구글의 클라우드 인공지능 디렉터인 앤드류 무어Andrew Moore 박사 등이 대표적이다.

2021년 3월 위원회는 최종 보고서를 발행했다. 미국은 인공지능에서 우위를 점하기 위한 주요 어젠다를 설정하고 있다. 그럼에도 보고서는 투명성과 함께 인공지능을 이용한 적대 행위와 국가 안보 위협에 대처할 것을 촉구하고 있다. 보고서에서 강조한 인공지능을 이용한 국가 안보 위협은 5가지이다. 인공지능을 이용한 정보 활동으로 긴장과 사회 분열을 노리는 프로파간다, 개인정보 데이터 수집과 특정인을 목표로 한 인공지능의 사용, 가속되는 사이버 공격, 적대적 인공지능, 인공지능을 이용한 바이오 기술이다.

이 보고서에서 언급된 적대적 인공지능의 문제는 바로 인공지능의 견고성과 안전성에 있어 해결해야 할 가장 핵심적인 과제다. 인공지능의 학습 데이터를 건드리고, 모델을 복제하거나 조작하고, 인공지능 시스템을 무력화하는 행동을 통해 과거와는 다른 방식으로 사이버 공격이 이미 펼쳐지고 있다. 우선 적대적 머신러닝은 어떤 것이 있고 그 의미는 무엇인지 살펴보기로 하자.

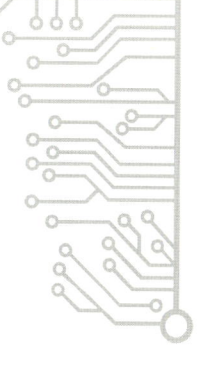

1
왜 적대적 머신러닝이 위험한가

인공지능의 견고성은 외부의 악의적인 공격이나 위험에 얼마나 인공지능 기술과 시스템이 제대로 대처할 수 있는가 하는 문제다. 특히 딥러닝으로 학습된 인공지능이 때로는 아주 간단한 의도적인 데이터 인식에 매우 취약할 수 있다는 연구들이 나오면서 이런 현상을 적대적 데이터 공격이라는 위험으로 분류하고 있다.

2015년 와이오밍대학과 코넬대학교의 학자들은 사람 수준의 성능을 보이는 심층 신경망 모델이 아주 이상한 판단을 할 수 있음을 밝혀냈다. 사람의 눈으로는 전혀 알아볼 수 없는 노이즈 같은 데이터를 입력했을 때 99.99%의 신뢰로 이를 치타, 판다, 공작, 야구공, 전기 기타 등으로 인식했다.[1] 대표적인 데이터세트인 이미지넷이나 MNIST 데이터로 학습을 한 심층 신경망 알고리듬이 진화 알고리듬

적대적 섭동

 + .007 ×  =

x
"panda"
57.7% confidence

$\text{sign}(\nabla_x J(\theta, x, y))$
"nematode"
8.2% confidence

$x + \epsilon\text{sign}(\nabla_x J(\theta, x, y))$
"gibbon"
99.3 % confidence

적대적 섭동으로 판다를 긴팔원숭이로 잘못 인식하게 만들었다. (출처: 파이토치 튜토리얼)

을 이용해 변경한 데이터에 대해 바보 같은 판단을 할 수 있음이 드러났다.

이렇게 만들어진 사례를 적대적 사례라고 부른다. 대부분의 분류 알고리듬이 심층 신경망으로 만들어진다고 봤을 때 의도적으로 변형된 적대적 사례에 대해 매우 취약할 수가 있다. 인공지능의 '착시 현상'이라고 부르는 이러한 방식은 주로 잡음 교란noise perturbation 또는 적대적 섭동adversarial perturbation이라고 한다. 이제는 픽셀 단위까지 미세하게 조작해 이미지, 비디오, 음성을 거의 구별할 수 없게 변조하는 적대적 변조adversarial tampering 기술이 나타나고 있다. 이런 상황이 되면 인공지능 기술을 신뢰하기 어렵다.

음성의 경우는 인식 시스템이 잘못 해석하도록 음성 데이터에 사람이 들을 수 없는 적대적 명령을 삽입해 오동작이 일어나게 할 수 있다. 인공지능의 판단을 엉터리로 만드는 또 다른 방법은 여러 곳에 두루 변화를 주는 대신 일부 데이터를 추가해서 심층 신경망의 주의

적대적 패치

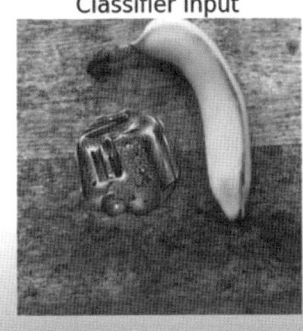
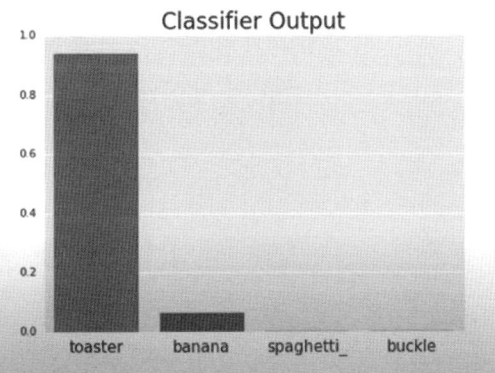

적대적 패치를 이용해 바나나를 토스터로 인식하게 만들었다. (출처: 톰 브라운의 유튜브 영상)

를 분산하게 만드는 방법이다. 2018년 구글의 톰 브라운Tom Brown 등의 논문을 통해 알려진 적대적 패치adversarial patch라고 부르는 이 방식은 이미지나 객체 위에 마치 스티커처럼 작은 이미지를 덧붙여 심층 신경망이 여기에 보다 집중하게 해서 잘못 분류하도록 유도했다.²

이와 같이 딥러닝을 통한 인공지능 시스템이 생각하지 못한 취약성이 있다는 연구들이 나오고 또 다른 측면에서는 이를 매우 악의적으로 사용할 수 있다는 사례도 등장하기 시작했다. 2018년 앤아버에 있는 미시간대학의 케빈 아이크홀트Kevin Eykholt와 워싱턴대학교, 버클리대학교, 삼성 리서치 아메리카의 연구진들이 발표한 논문에서는 도로 표지판에 스티커 몇 장을 붙이는 것만으로도 자율주행차의 인식을 혼란스럽게 만들 수 있음을 밝혀냈다.³ 정지 신호를 속도제한 표시로 잘못 인식하게 할 수 있다는 것이다. 실제로 자율주행차를 상대로 실험하지는 않았으나 실제에서 사용한다면 매우 위험한 상황을 일으킬 수 있음을 보여준다.

2019년 벨기에의 KU루벤대학교 팀은 컬러로 인쇄한 카드 보드로 스마트 카메라를 무력화할 수 있다는 연구 결과를 발표했다.[4] 탐지 시스템의 아킬레스건을 노출한 것인데 40×40 센티미터의 작은 카드 보드를 걸면 개체나 사람을 판별하는 욜로YOLO 알고리듬이 오동작해서 사람을 인식하지 못한다는 것이 드러났다. 전에는 사람이 새가 인쇄된 티셔츠를 입으면 사람이 아니라 새로 인식하는 경우가 있었지만, 아예 사람의 존재 자체를 인식하지 못할 수 있음을 보여준 연구 결과이다.

이스라엘 네게브의 벤-구리온대학교는 2년 동안 소위 '유령' 이미지가 반자율주행 운전 시스템에 어떤 영향을 주는가를 실험했다. 이들은 빌보드 광고판에 1초도 안 되는 순간 동안 몇 개의 프레임을 영상에 추가함으로써 테슬라의 오토파일럿 기능이 이를 인식하고 정지하게 할 수 있었다.[5] 0.42초 동안의 이미지로 테슬라를 속였고, 8분의 1초 동안 등장한 이미지 역시 모빌아이 기기가 순간적으로 착각을 일으키게 할 수 있었다.

이 문제는 과거 무선 신호, 음성 신호, 빛 투영을 통해서 개체를 숨기거나 자율주행차를 속이는 것이 가능하다고 보인 것과는 다르다. 누구나 쉽게 도로 광고판에 사람이 인지하지 못하는 짧은 순간의 이미지를 삽입함으로써 자율주행차를 위험에 빠뜨리게 할 수 있다는 취약성을 보여준 것이다. 자율주행자가 잘못된 추론을 하게 되면 인공지능이 부정확한 결정을 내려 차량이 신호등을 잘못 판독하거나 잘못된 방향으로 회전하고, 결국 건물이나 차량 또는 사람과 충돌할 수 있다.

2019년 6월 가트너Gartner는 2022년 사이버 공격의 30%는 데이터 독성화Data poisoning, 모델 탈취, 적대적 예제에 의한 것이 될 것이라고 예측했다.6 그럼에도 아직 적대적 공격에 대응한 모범 사례는 찾아보기 힘들며 이런 공격의 위험을 완화하기 위한 기술과 도구를 개발하는 기업은 극소수에 불과하다.

다행히 2020년 10월에 중대한 이정표가 세워졌다. 마이크로소프트, 마이터코퍼레이션MITRE, IBM, 엔비디아, 토론토대학교, 카네기멜런대학의 소프트웨어공학연구소, 프라이스워터하우스쿠퍼스PwC 등 11개의 기업과 기관이 협력해서 '적대적 ML 위협 매트릭스'라는 오픈 프레임워크를 발표했다.7 이 프레임워크는 현재 18개 기관이 협력하고 있는데 보안 분석가들이 위협을 감지하고 대응하며 교정할 수 있도록 하는 것이 목적이다. 널리 사용되는 MITRE의 ATT&CK 프레임워크와 비슷한 구조로 확장 가능한 개방형 프레임워크로서 보안 분석가가 적대적 전술을 분류할 수 있게 해준다. 적대적 공격이 진행 중인지 이미 일어났는지를 탐지하기 위한 모니터링 기술을 제공하며 머신러닝 시스템의 취약점과 적대적 행동 목록을 제시한다.

그러나 ATT&CK와는 2가지 면에서 차이가 있다. 첫째는 ATT&CK가 기업 네트워크을 위한 디자인이고 기업의 여러 서브 구성 요소로 구성된다면, 머신러닝 시스템은 기업 네트워크의 부분이기는 하지만 공격의 특이점을 좀 더 강조한다. 따라서 이 프레임워크는 머신러닝 서브 시스템의 정찰, 지속성, 회피 등을 주 관점으로 본다. 두 번째는 실세계에서 머신러닝 시스템에 대한 공격을 분석할 때 전형적인 사이버 공격 기술과 적대적 머신러닝 기법의 혼합, 머신러닝에 특정한 기법을 구분해서 살펴본다.

이 프레임워크는 머신러닝을 손상하는 주요 적대적 전술을 크게 4가지로 분류하고 있다.

- 기능적 추출functional extraction – 임의의 입력을 반복해 질의하면서 등가 모델을 무단으로 재구축하는 수법이다. 공격자가 모델을 추론해 정확한 오프라인 복사본을 생성한 뒤 이를 분석해 최종적으로 배포된 머신러닝 모델에 대해 추가 공격을 하게 만든다. 모델 추출이라고도 부른다.
- 모델 회피model evasion – 탐지하기 어려운 픽셀 수준의 이미지 변경과 같은 임의의 입력을 반복적으로 적용해 사람이 인지할 수 없는 수준에서 머신러닝 모델이 이미지나 콘텐츠를 부정확하게 분류하게 만든다. 교통 표지판에 몇 개의 스티커를 붙여서 표지판을 오인하게 만드는 것과 같은 경우다.
- 모델 전도model inversion – 머신러닝 모델을 구축하는 데 사용한 학습 데이터를 추출하는 공격 기법이다. 주어진 입력에 대해 출력하는 결과와 신뢰도를 분석해 역으로 데이터를 추출하는 공격을 하는데 이는 데이터 암호화를 통해서 방어할 수 있다. 특히 기밀정보나 개인정보 같은 민감 정보가 있는 학습 데이터를 추

출하기 위해 공격한다.[8]

- 모델 포이즈닝model poisoning – 머신러닝 모델의 실행 코드에 임의의 입력 데이터가 들어오는 경우 특정 추론을 은밀하게 생성하도록 학습 데이터를 오염시키는 것이다. 이렇게 데이터세트를 손상해서 시스템 자체를 손상하는 공격인데 2016년 마이크로소프트의 챗봇 테이가 대표적인 사례라고 볼 수 있다.

앞으로 인공지능 개발자와 보안 분석가는 모든 머신러닝 애플리케이션이 적대적 공격 대상이 될 수 있음을 인지하고 취약한 코드를 쓰거나 배포하기 전에 적대적 위협을 평가해야 한다. 또한 폭넓은 적대적 입력에 대해 인공지능 애플리케이션을 테스트해서 추론의 견고성을 확인하고, '적대적 머신러닝 위협 매트릭스'가 제공하는 것과 같은 적대적 방어 지식을 사용해 위조 입력 예시에 대한 인공지능의 탄력성을 개선해야 한다.

2
왜 자율주행차는 사고를 일으키는가

2018년 3월 밤에 일레인 허즈버그는 애리조나 템피에서 자전거를 끌고 도로를 건너고 있었다. 같은 도로를 우버 마크가 붙은 볼보 자동차가 자율주행 기능으로 달리고 있었다. 운전석에 앉아 있던 라파엘라 바스케스는 「더 보이스」라는 탤런트 쇼를 보고 있었다. 그녀가 5.3초 동안 전방을 주시하지 않았다가 앞을 보는 순간 차는 일레인을 치었다. 일레인은 병원으로 옮겨졌으나 사망했다. 당시 자동차는 시속 70km 속도로 달리고 있었고 길을 건너는 일레인을 제대로 인식하지 못했다.[9] 이 사건은 많은 자율주행차 시범 운행 사업자에게 큰 충격을 주었다. 여러 도시에서 시범 운행을 하던 우버는 템피뿐만 아니라 피츠버그, 샌프란시스코, 토론토에서 진행하던 모든 시범 운행을 중단했다.

이를 통해 사람들은 아직 자율주행 기술이 실험 단계에 있다는 것을 알게 됐고 정부 규제가 필요하다는 의견이 제기됐다. 사고 원인에 대한 1차 조사결과가 2018년 5월에 나왔다. 우버 차량이 자율주행 모드에서 좀 더 부드러운 주행을 위해 긴급 브레이크 시스템이 작동되지 않게 만들어졌음이 밝혀졌다.[10] 사고 후 많은 전문가가 예측한 대로 우버 차량에 탑재된 센서와 카메라가 충분히 보행자를 감지할 시간이 있었음에도 확인하지 못한 것은 컴퓨터 시스템이 올바르게 작동되지 않았기 때문이라는 사실도 확인했다.

조사에 따르면 우버의 컴퓨터 시스템은 자전거를 끌고 보행하던 일레인을 충돌 6초 전에 인지했다. 그런데 처음에는 인식 불가 개체로 그다음엔 다른 차량으로, 마지막에는 자전거로 인식했다. 그럼에도 시속 39마일의 속도를 감속하지 않았는데 차의 소프트웨어가 도로상의 물체에 대해서는 경고하도록 돼 있지 않았기 때문이다. 사실 우버의 자율주행차는 다른 경쟁자의 차보다 운행 중간에 인간 운전자의 개입이 더 자주 필요했던 것으로 알려져 있었다. 그래서 우버는 오류 상황이 자주 발생하는 것을 막기 위해 긴급 브레이크 시스템과 안전 기능이 작동되지 않게 했다.

지금까지 자율주행차와 관련된 사고는 비교적 적고 초기에는 주로 접촉 사고 수준이었다. 그러나 점점 더 많은 자율주행 또는 '발전한 레벨 2'[11] 수준의 차량에서 사망 사고가 생겨나고 있다. 2016년 9월 마운틴뷰 지역에서 구글의 자율주행차가 다른 차가 신호 위반을 해서 사고를 냈고, 테스트 운전자가 병원에 가는 일이 벌어졌다.[12]

구글의 대변인은 오히려 '신호 위반에 의한 사고는 늘 발생하는 일이고 충돌 사고의 94%는 운전자 과실로 발생하기 때문에 이런 점이 자율주행차가 도로에서 더 안전할 수 있는 사례'라는 의견을 냈다.[13]

구글 자율주행차의 테스트 초기에 20여 차례 사고가 났다. 이 가운데 자율주행차의 잘못에 의한 사고는 버스와 부딪친 한 건의 사고뿐이다.[14] 렉서스 SUV를 자율주행차로 만든 구글의 테스트용 차가 앞에 있는 모래주머니를 발견하고 차선을 바꾸는 순간 버스가 접근했다. 자율주행차는 버스가 정지하거나 속도를 줄일 것으로 판단했으나 그대로 움직인 버스와 충돌했다. 당시 구글의 테스트 차는 시속 3킬로미터 정도로 움직였고 버스는 시속 24킬로미터 정도로 달리고 있었다. 이 사고 후 구글은 처음으로 기술의 문제를 인정했는데 상대 운전자의 의도나 결정을 예측하는 것이 얼마나 어려운 일인가를 보여주는 사례이다.

자율주행차 시범 운행은 일반 도로 주행 시 여전히 사고 위험에 노출돼 있다. 2018년 1월에도 아르고AI의 기술[15]을 테스트하던 포드의 자율주행차가 피츠버그에서 신호 위반을 한 밴에 옆부분을 들이받히는 사고가 발생했다.[16] 이 사고로 두 명이 병원에서 치료를 받았다. 이 상황은 자율주행차도 다른 차량의 실수에 의한 사고 위험이 여전히 존재함을 보여준다.

오토파일럿이라는 이름 때문에 많은 사람이 레벨 3 이상의 자율주행으로 착각하는 테슬라도 아직 레벨 2 수준이다. 물론 사고에서 예외가 아니다. 오토파일럿과 관련된 사고 중 유명한 것은 2016년

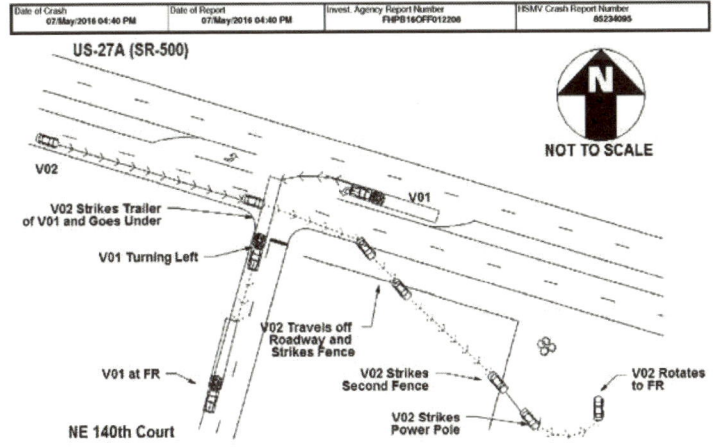

V01은 트랙터 트레일러, V02는 자율주행 모드의 자동차를 표시한다.
2016년 테슬라 사고에 대한 경찰 보고서에 나온 그림 (출처: 플로리다 고속도로 순찰국)

플로리다에서 대형 트럭을 하늘로 착각해 충돌한 사건과 2018년 실리콘밸리 도로에서 콘크리트 경계석에 충돌해 애플 엔지니어가 사망한 사건이다. 애플 엔지니어인 월터 황Walter Huang은 사고 전에도 계속 오토파일럿에 대한 불만을 얘기했다고 한다. 2013년 이후 테슬라 사고로 사망한 수는 2021년 3월 기준 164명이다. 그 가운데 오토파일럿 문제라고 주장한 사례는 15건이고 확인된 것은 6건이다.

미국 고속도로교통안전국NHTSA은 2020년 6월부터 실험실이나 일반 도로에서 자율주행 운행 현황을 보여주는 AV TEST Initiative(자율주행차의 안전성 테스트를 위한 투명성과 참여 계획) 사이트를 개설해 이 계획에 참여하는 21개 회사와 대학 데이터를 일목요연하게 보여주고 있다. 사이트에는 실험 위치, 주 정보, 회사 정보가 3개의 탭으로 분

자율주행차 테스트 트래킹 도구

(출처: 미국 고속도로교통안전국)

류되어 있으며, 차종, 운행 상황, 수량, 주행 도록, 사용자, 개발사와 운영사의 정보를 투명하게 제공하고 있다.[17]

이와 같이 다양한 자율주행 기술이 실제 어떻게 운영되고 있고 어떤 환경에서 테스트되고 있는가에 대한 투명한 정보는 인공지능 기반의 자율주행차의 현재 성능과 안전 문제에 대해 시민들이 더 명확하게 판단할 수 있는 기반이 될 수 있다.

2021년 3월 고속도로교통안전국은 오토파일럿을 사용한 것으로 판단되는 23건의 충돌 사고를 조사하고 있다고 발표했다.[18] 대부분 최근에 일어난 사고들도 테슬라가 주장하듯이 지속적으로 개선한 오토파일럿에 정말 문제가 없는지를 조사하는 것이어서 다른 기업의 자율주행차에도 조사 결과가 영향을 미칠 것으로 본다.

테슬라는 완전자율주행인 FSD_{Full Self-Driving}라는 첨단 버전을 1만 달러에 팔고 있으며, 2020년 말부터 2천 대 분량의 차에 대해 베타 테스트를 진행하고 있다. 오토파일럿이나 완전자율주행이라는 단어를 사용하고 있지만 아직 소프트웨어와 센서가 여러 다양한 상황에서 자동차를 제어하지 못하기 때문에 운전자가 도로에서 눈을 떼면 안 되고 손을 핸들 근처에 놓고 있어야 한다. 최근 테슬라 내부에서 FSD는 자율주행 레벨 2단계에 불과하다는 메모가 나와 일론 머스크가 지나치게 과장하고 있다는 비난을 받고 있다.[19]

테슬라의 법률 고문인 에릭 윌리엄스_{Eric Williams}에 따르면 완전자율주행이 아직 제대로 대응하지 못하는 상황이나 사건은 '정지 물체와 길에 있는 잔해, 응급 차량, 건설 지역, 통세되지 않는 넓은 다지교차로, 폐쇄 구간, 혹독한 날씨, 운전 경로에 있는 복잡하게 운전하는 자동차 또는 적대적인 자동차, 지도에 없는 길'이다. 이 목록을 보면 아직 완전자율주행이라는 것이 쉽지 않은 상황임을 알 수 있다.

인공지능 관련 기업과 연구기관의 연합체인 인공지능파트너십_{PAI}은 인공지능이 사람과 사회에 유익하게 만들자는 목표로 활동하고 있다. 이들은 인공지능이 일으키는 사고와 관련한 데이터베이스_{AIID}를 만들어서 제공하기로 했다.[20] 이 데이터베이스는 자율주행차의 사고, 주식 거래 문제, 얼굴 인식 오류 등 모든 사고 기록을 모아서 제공하고 사람들이 추가할 수 있도록 했다. 최초 데이터세트는 2019년에 작성됐으며 1,000개 이상의 사고 기록이 모였다.

인텔의 모빌아이는 RSS~Responsibility-Sensitive Safety~ 프레임워크를 제시하고 있다.[21] RSS는 안전 운전이란 무엇인가에 대한 수학적 모델을 만들었다고 주장하는데, 그 안전 운전의 기본 원칙은 5가지이다. 첫째 앞차에 부딪히지 않는다. 둘째 무모하게 끼어들지 않는다. 셋째 통행권은 주어지는 것이지 택하는 것이 아니다. 넷째 앞이 잘 안 보이는 곳에서는 주의한다. 다섯째 다른 사고를 내지 않고 충돌을 피할 수 있다면 반드시 그렇게 한다.

자율주행차의 안전에 대한 정부 당국의 규율이 만들어지기 전에 자율주행차 업계는 정부와 자동차 업계 등이 함께 논의할 것을 요청하고 있다. 특히 기술의 안전성이 보장된다고 해도 사회가 이를 용인할 것인가는 다른 문제다. 그 때문에 투명하게 프레임워크를 모두에게 공개하고 논의하도록 하겠다는 생각이다.

3
로봇이 일으키는 사건들은 무엇이 있는가

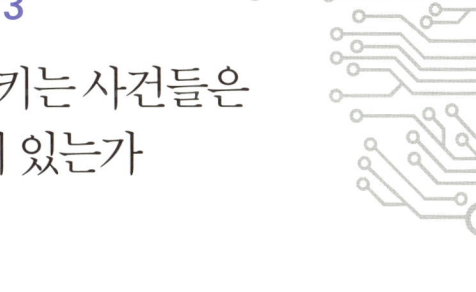

2016년 러시아 페름 시의 프로모봇 실험실에서는 자유롭게 움직이는 로봇을 개발하던 중 엔지니어가 문을 닫는 것을 잊는 바람에 로봇이 밖으로 나간 사건이 일어났다.[22] 배터리가 다 방전될 때까지 돌아다니던 로봇 때문에 연구소 인근 도로가 마비돼 경찰이 출동했고 곧이어 연구소 직원이 로봇을 데리고 갔다. 일부 언론에서는 이 회사가 로봇 제품을 홍보하려고 일부러 벌인 일이라고 의심했고 사람들은 주인의 학대를 못 이겨 도망친 로봇이라며 재미있어 했다. 산업용 로봇은 대부분 고정된 위치에 머물러 있는 반면 인공지능을 탑재한 로봇은 더 이상 공장 안에 머무는 기계가 아니다.

사실 로봇 관련 사고는 과거부터 계속 있었다. 특히 산업용 로봇 관련 사고는 지속적으로 발생했다. 1979년 1월 25일에는 포드 자동차의 플랫락 캐스팅 공장에서 산업용 로봇팔에 노동자가 사망한 사고가 세계 최초로 로봇에 의한 사망 사고로 기록됐다.[23] 1981년 12월 9일에는 일본 가와사키 중공업 아카시 공장에서 켄지 우라다가 로봇팔에 끼어 사망한 사고가 일어났다.

2015년에는 독일의 폭스바겐 공장에서 로봇이 22살 노동자를 죽음에 이르게 한 사고가 있었고, 2017년에는 미국 미시간의 자동차 부품 공장에서 로봇이 유지 보수 기술자를 사망하게 했다.[24] 이런 공장의 사고는 자동화 중심의 단순 조립 로봇과 관련된 경우가 많아서 지금까지는 그냥 사람의 실수를 주원인으로 보는 산업 재해로만 여겼다. 그러나 인공지능 기술을 탑재한 지능형 로봇이 여러 환경에서 활용되면서 이제는 로봇과 함께 일하는 노동자의 태만이나 주의 결핍이 아니라 오동작이나 오류와 같은 소프트웨어의 문제에서 발생하는 경우를 상정해야 한다.

2018년 12월 뉴저지의 아마존 배송센터에서 곰 퇴치용 가스 캔이 터지면서 일하던 직원 24명이 병원으로 이송되는 사건이 발생했다.[25] 이곳에는 3,000명 이상이 일하고 있었는데 자동화 기계가 9온스 캔에 구멍을 내서 독성 연기가 퍼져 나간 것이 원인이라고 알려졌다. 시각 인식 기능과 움직이는 팔을 가진 창고형 로봇이 동작 오류나 인식 오류 또는 위험 감지 능력 저하로 일으킬 수 있는 위험한 상황에 대한 사례가 점점 늘어나고 있다.

그리고 로봇이 안내용, 조리용, 가정용으로 확산되면서 전혀 다른 유형의 사고가 발생하고 있다. 스탠퍼드 쇼핑몰에는 나이트스코프Knightscope에서 만든 K5라는 로봇이 경비와 순찰 업무를 맡고 있다. 2016년 7월에 이 로봇이 17개월 된 아이를 인식하지 못하고 그대로 넘어가는 일이 발생했다. 아이는 쓰러졌고 로봇은 멈추거나 물러나지 않았다. 부모가 달려가 밀어내려고 했으나 300파운드나 되는 무게(136킬로그램)가 너무 무거워 어찌할 수 없었다. 로봇이 아이의 오른발을 밟고 지나갔으나 다행히도 아이는 특별히 심하게 다치지 않았다.[26]

K5는 쇼핑몰에서 로봇 셀카나 로봇 허그를 해주면서 인기를 끌었는데, 아이에 대한 인식과 방지에 미흡함이 드러난 것이다. 사실 K5는 같은 주에서 이미 비슷한 사고를 냈었다. K5는 가끔 동작 오류로 재미난 사건을 만들기도 하는데, 2017년에는 워싱턴 DC의 사무실 건물에서 경비 업무를 수행하던 도중 건물 내에 있는 분수대에 빠져버린 사건이 발생했다.[27] 사람들은 이를 보고 격무에 시달리던 로봇이 자살을 시도했다고 놀렸다.

중국에서도 로봇이 사고를 일으키고 있다. 2016년에 중국 선전에서 열린 중국 국제 첨단기술 전시회에서 로봇이 부스를 부수고 사람을 다치게 하는 사고를 일으켰다.[28] 2020년 12월에는 중국 광저우 쇼핑몰에서 에스컬레이터로 잘못 진입한 로봇이 떨어지면서 두 명의 방문객을 쓰러뜨린 사건이 발생해 웨이보와 트위터에 올라왔다.[29]

이 사고들은 로봇 제어와 인식 기능의 한계 때문에 벌어진 사고들이다. 로봇에 인공지능 기능이 추가되면서 그 용도가 공공장소로 확대되고 있고 이런 사고는 점점 더 늘어나게 될 것이다. 때에 따라서

K5 로봇이 분수대에 빠진 사고를 올린 트윗

(출처: bilalfarooqui(BF) 트위터)

는 인명 사고가 발생할 가능성도 있다. 아마존 배송센터처럼 로봇이 오작동하여 일으킨 사고는 큰 대형 사고를 유발할 가능성이 있다. 그러나 아직 이런 사고에 어떻게 대응하고 예방할 것인지가 충분히 논의되지 않고 있다.

물론 간단한 사고는 제조회사나 운영회사에 책임을 물어서 피해를 보상받을 수 있다. 그러나 음식 배달 로봇이 갑자기 나타나서 킥보드를 타고 가던 사람이 다친다든가, 배송 로봇이 오동작으로 길로 나와서 자동차가 이를 보고 또는 못 보고 사고를 낸다면 그건 갑자기

도로에 뛰어든 강아지와 같은 것일까? 사고 책임의 범위를 어디까지 할 것인가 하는 고민을 하기에는 이 상황이 아직 우리에게는 낯설기만 하다.

4
딥페이크의 문제는 무엇이고
어떻게 대응해야 하는가

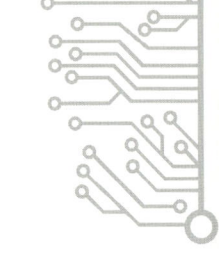

 2017년 미국 레딧Reddit 사이트에서 '딥페이크스Deepfakes'라는 아이디를 가진 회원이 여러 개의 가짜 포르노 비디오를 올렸다. 그중에 영화배우 데이지 리들리, 갈 가도트, 스칼렛 요한슨 등의 딥페이크 콘텐츠가 주목을 받았다. 주로 기존 영상에 유명인의 얼굴을 덧입히는 방법으로 제작됐으며 케라스Keras나 텐서플로TensorFlow 같은 오픈 소스를 이용했다.

 그는 구글 이미지, 무료 사진 사이트, 유튜브 등에서 일반적으로 구할 수 있는 데이터를 활용했다. 그 때문에 누구나 쉽게 할 수 있음을 보여주었다. 또한 그는 엔비디아 연구자가 개발한 이미지 전환 알고리듬과 유사한 것을 사용했다고 밝혔는데 이는 변이형 오토인코더VAE, Variational AutoEncoder와 적대적 생성 신경망GAN, Generative Adversarial

Network 모델을 사용한 것이다. 그의 아이디에서 딥페이크라는 용어가 일반화됐다. 딥페이크란 딥러닝deep learning과 페이크fake의 합성어로 인공지능 기술을 이용해 진짜와 구별하기 어려운 가짜 이미지나 음성, 동영상을 만든 결과물 또는 이를 만드는 과정을 말한다.

이후 레딧 커뮤니티는 가짜 비디오의 버그를 해결하면서 진품과 구별하기 어려운 수준으로 발전시켰고 많은 미디어에서 이에 대한 문제점과 우려를 보도했다. 레딧의 또 다른 회원은 페이크앱FakeApp이라는 애플리케이션을 만들어 각자가 갖고 있는 데이터를 통해 누구나 영상물을 만들 수 있게 했다.[30] 회원들은 니콜라스 케이지를 많은 영화에 등장하게 만든 놀이를 즐기기도 했다.

딥페이크 영상물을 포르노에 사용하는 경우에는 악용되는 유명인뿐만 아니라 기존 영상 출연자에게도 큰 상처를 준다. 또 리벤지 포르노나 협박용 메일에도 사용될 수 있어서 사회적으로 큰 문제가 될 수 있다. 2018년 2월 레딧은 자사의 콘텐츠 정책을 위반한 모든 포럼을 영구히 정지시키고 문제가 되는 비디오 영상을 제거했다. 즉 레딧에 올리는 미디어를 저장하는 지피캣Gfycat 호스팅 플랫폼에서 문제가 되는 지프GIF 이미지들을 삭제했다.[31] 레딧의 조치 후 디스코드Discord, 폰허브Pornhub 등도 딥페이크 영상을 제거했다.

2018년부터는 각종 정치인을 이용한 딥페이크 콘텐츠가 가짜 뉴스로 활용되기 시작하면서 사회 문제로 떠올랐다. 배우 겸 감독인 조던 필Jordan Peele은 버즈피드BuzzFeed의 비디오 프로듀서인 재러드 소사Jared Sosa와 함께 딥페이크가 얼마나 위험할 수 있는지 경고하는 영상을 공개한 바 있다.³² 그들은 이 영상을 제작하기 위해 56시간 동안 학습을 시켰다고 했다. 영상에 가짜로 오바마가 트럼프를 비난하는 부분이 들어 있어서 그 여파가 더 컸다.

딥페이크 영상을 추적하는 센서티Sensity에 따르면 2018년 12월에 7,964개였던 딥페이크 비디오는 2019년 9월에 1만 4,698개로 늘어났다고 한다.³³ 더 정교해진 딥페이크 기술은 인공지능 기술을 활용한 컴퓨터 그래픽 기술로 새로운 영상 제작 기술을 선보였으나 예상치 못한 부작용을 겪고 있다. 데이터와 사회 연구소에서 발행한 「딥페이크와 저렴한 페이크: 오디오와 영상 증거의 조작」 보고서는 이런 기술의 스펙트럼을 정리했다.³⁴

사실 이런 기술은 사기나 허위를 만들어내기 위한 것이 아니라 컴퓨터 그래픽 기술을 이용한 새로운 영상 제작을 위해 연구돼온 것이다. 2017년 세계적인 컴퓨터 그래픽 학회인 시그래프SIGGRAPH에서 워싱턴대학 연구팀이 음성 파일을 이용해 립싱크가 자연스럽게 이루어지는 영상물을 생성할 수 있음을 보였다.³⁵ 특히 오바마 전 대통령의 영상을 이용해 학습한 결과물은 2009년부터 2016년까지 온라인에 공개된 300개의 주간 연설 영상을 학습에 사용한 것이다. 이는 공적으로 발표된 영상을 얼마든지 활용할 수 있음을 보여준다.

2016년 컴퓨터 비전과 패턴 인식CVPR 학회에서 발표한 에를랑겐-뉘른베르크대학교, 막스플랑크연구소, 스탠퍼드대학교의 연구 결과인 페이스2페이스Face2Face 기술은 일반적인 웹캠을 이용해 한 사람의 얼굴 표정을 다른 영상물로 재연할 수 있음을 보였다.³⁶ 2018년 스탠퍼드대학교의 마이클 졸회퍼Michael Zollhöfer 교수팀은 GAN 기술을 활용한 '딥 비디오 포트레이츠Deep Video Portraits'라는 기술을 발표해 단지 얼굴 앞면만이 아니라 3차원 형태의 머리, 회전, 표정, 눈의 움직임까지 재연했다.[37] 이런 기술은 영화 산업과 영상 회의 등에서 활용하는 것이 목적이기 때문에 악용에 대해 매우 민감하게 대응하고 있다. 딥 비디오 포트레이츠 팀은 같은 기술을 역으로 이용해 비디오 위조를 판정할 수 있다고 주장한다.

딥페이크 기술의 발전에 맞춰 딥페이크를 찾아내기 위한 연구도 다양하게 발전하고 있다. 딥페이크 이미지 판정 연구로 유명한 뉴욕 올바니 주립대학교의 시웨이 류Siwei Lyu[38] 교수는 영상 속 얼굴이 눈을 어떻게 깜박거리는가를 기준으로 딥페이크 영상물을 찾는 방안을 제시했다.[39] 보통 사람은 2초에서 10초마다 눈을 깜박거린다. 그런데 딥페이크 콘텐츠는 주로 정지 이미지로 학습되기 때문에 영상의 얼굴이 눈을 깜박거리지 않거나 비정상적으로 깜박이는 측면에 주목한 것이다.

미국 방위고등연구계획국은 이 문제를 해결하기 위해 미디포MediFor 팀을 만들어 딥페이크 콘텐츠를 확인하는 도구를 개발하고 있으며 2018년에 첫 결과물을 내놓았다.[40] 이 프로그램은 6,800만 달러를 투입해 2015년부터 2020년까지 이미지와 비디오의 진실성을 확인할 수 있는 모델 개발을 지원했다.[41] 미디포 팀 멤버인 다트머스대학교의 해니 파리드Hany Farid 교수는 조명이 일관되지 않은 점과 같은 물리적 접근을 통해 문제를 해결하고자 했다.[42] 로스앨러모스국립연구소LANL 연구진은 이미지에 실제 저장된 정보량을 측정하는 방식을 사용했다. 이는 조작된 이미지가 시각적 요소를 재사용했기 때문에 진짜 사진보다 더 단순하다는 점에 착안했다.

국내에서는 과학기술정보통신부가 주최하는 '인공지능 R&D 챌린지' 대회를 통해 인터넷에서 사람들에게 혼란과 잘못된 정보를 주는 인공지능 악용 사례를 막기 위한 기술 개발을 유도하기도 했다. 2017년에 가짜 뉴스 찾기에 이어 2018년에는 합성사진 찾기가 도전 문제로 제시됐다.[43]

다른 한편에서는 여러 기업과 학계가 중심이 돼 필요한 학습 데이터세트를 만들어 딥페이크 탐지 방안을 연구하는 접근이 이루어지고 있다. 뉴욕 올바니 주립대학교에서 제공한 UADFV 데이터세트에는 49개의 실제 비디오와 49개의 페이크 비디오를 포함해 98개의 비디오 3만 2,752개의 프레임이 담겨 있다. 스위스의 Idiap연구소에서 만든 딥페이크TIMIT 데이터세트는 VidTIMIT 데이터세트에서 얻은 32개의 주제를 기반으로 만든 620개의 딥페이크 비디오로 구성돼 있다.[44]

딥페이크 탐지 기술을 비교 분석하고 여러 기술의 성과를 평가하는 벤치마크 사이트를 운용하는 방안으로 접근하기도 한다. 대표적으로 뮌헨공과대학교, 나폴리대학교, 에를랑겐-뉘른베르크대학교에서 공개한 페이스포렌식스FaceForensics 데이터세트가 있다.[45] 페이스포렌식스는 1,004개의 원천 데이터에서 뽑아낸 얼굴이 포함된 50여만 개의 프레임을 가진 데이터로 구성돼 있다.[46] 페이스포

DFDC 데이터세트의 사례

(출처: DFDC 소개 영상)

렌식스++는 977개의 유튜브 비디오에서 추출한 데이터로 4가지 조작 방식(딥페이크, 페이스2페이스, 페이스스왑, 뉴럴텍스처)으로 생성한 1,000개의 비디오로 구성된다. 구글은 2019년 9월에 딥페이크 탐지 연구를 위해 자사의 기술 인큐베이터인 직소Jigsaw와 협력해 28명의 배우의 움직임을 촬영한 다양한 데이터를 조작해 3,000개의 비디오를 만들어 페이스포렌식스 깃허브 페이지에 제공했다.⁴⁷

가장 주목해야 할 움직임은 페이스북, 마이크로소프트, AI파트너십PAI, 코넬대학교, MIT, 옥스퍼드대학교, 버클리대학교, 메릴랜드대학교, 뉴욕 올버니 주립대학교가 공동으로 추진하는 '딥페이크 탐지 챌린지DFDC'의 데이터세트다.⁴⁸ 페이스북은 이를 위해 1,000만 달러를 지원했으며 챌린지에 참여해도 어떤 상도 받지 않겠다고 선언했다. 전체 챌린지는 AI파트너십에서 새로 구성한 '인공지능과 미디어

진실성 운영위원회'에서 주관했다. 이 챌린지는 2019년 12월 밴쿠버에서 열린 신경정보처리시스템학회에서 공식적으로 시작했으며 2020년 6월에 끝났다.

그러나 최근 서던캘리포니아대학교 연구원들에 따르면 DFDC 데이터세트도 젠더나 피부색이라는 관점에서 편향이 있음이 드러났다.[49] 특정 인종에 대해서는 오류율이 10.7%에 달한다는 결과가 나온 것이다. 예를 들어 아시아 여성이거나 아프리카 여성인 경우는 1.5에서 3배까지 페이크 이미지로 잘못 인식한다는 것이다. 하나의 문제를 풀고자 할 때 또 다른 문제가 내재해 있을 수 있다는 사례에 해당한다.

5
주요 연구 그룹은 안전성 연구를 어떻게 하는가

　인공지능의 견고성과 관련한 연구는 인공지능 모델의 취약성을 개선하는 연구와 데이터를 추출하거나 공격에 이용하는 것을 방지하는 연구로 나눌 수 있다. 특히 취약성 개선 연구는 인공지능 모델의 민감성을 낮춰 안정적 성능을 제공할 수 있어서 인공지능 기술의 성능 향상을 기대할 수 있다.

　초기에 오픈AI 등에서 간단한 방식으로 인공지능 모델이 오동작할 수 있음이 제기되면서 이를 막기 위한 학습 방식과 공격 방식에 관한 연구가 진행됐다. 2018년에는 캐글Kaggle 챌린지와 신경정보처리시스템학회 워크숍을 통해 공격 기법과 방어 기법을 함께 논의하는 활동이 있었다. 인공지능의 안전성 또는 견고성에 가장 예민한 곳은 미국 국방성의 방위고등연구계획국이다. 설명할 수 있는 인공지능 연구를 이끌어갔듯이 인공지능의 취약점을 방어하기 위한 연구 역시 주도하고 있다. 방위와 무기 체계에 인공지능을 활용하려다 보니 반대로 무력화하는 기만이나 속임 기술에 대한 대비책을 만들어야 했기 때문이다.

2019년 2월 방위고등연구계획국은 '기만에 대항하는 인공지능 견고성 보장'이라는 가드GARD 프로그램을 진행하기로 했다.[50] 가드는 머신러닝 모델에 대한 적대적 기만 공격을 막기 위한 새로운 방어 기술을 개발하는 것이 목표다. 지금의 방어 체계가 이미 특정되거나 정의된 적대적 공격을 막도록 디자인된 것이라면, 이를 벗어난 공격에는 취약할 수 있기 때문이다.

가드 계획은 3가지 목적을 명시하고 있다. 첫째는 방어 가능한 머신러닝을 위한 이론적 기반을 개발하고 이에 기반한 새로운 방어 메커니즘 용어를 정리하는 것이다. 둘째는 다양한 범위로 설정한 상황에서 방어 가능한 시스템을 개발하고 테스트하는 것이다. 셋째는 위협 시나리오와 관련된 머신러닝 방어력을 특정하기 위해 새로운 테스트베드를 구축하는 것이다. 이러한 3가지 목적이 상호 연계된 프로그램을 통해 견고성을 평가하는 엄격한 기준을 세우고 공격에 강한 머신러닝 기술을 만들어내는 것이 종합적인 목표다.

가드는 다양한 연구 방향을 모색하고 있다. 정보혁신국의 프로그램 매니저인 하바 시겔만Hava Siegelmann 박사는 생물학에서 볼 수 있는 면역체계와 같은 접근법도 검토할 것이라고 말한다.

가드 프로그램은 현재의 니즈에 대응하는 것만이 아니라 미래의 도전에 대해서도 해결 방안을 찾고자 한다. 일단 시작은 현재 최고 수준의 이미지 기반 머신러닝으로 하고 이후에 비디오, 오디오, 나아가 더 복잡한 시스템에 관한 연구를 진행할 예정이다. 더 복잡한 시스템이란 다중의 센서와 다양한 미디어 방식을 모두 다루는 것을 의미한다. 또한 전 생애 동안 문제없이 예측, 결정, 대응을 할 수 있는 머신러닝 시스템을 탐구할 예정이다.

2020년 4월에 인텔은 조지아공과대학교와 함께 방위고등연구계획국의 가드 프로그램의 주 계약자로 4년 동안 프로그램을 이끌어갈 것이라고 발표했다.[51] 첫 단계에서는 인텔과 조지아 공대가 정지 이미지와 영상에서 공간적, 시간적, 의미적 일관성을 통해 개체 탐지 기능을 향상하면서 동시에 전 세계의 보안 연구자들과 함께 연구를 수행할 계획이다.

인텔과 조지아공대가 가드 프로그램의 주 계약사로 선정된 배경에는 2018년에 셰이프시프터Shape Shifter 프로젝트를 통해 개체 탐지기에 보안 취약성이 있음을 발견한 경험이 있기 때문이다. 이는 조지아공대에 자리한 인텔과학과기술연구소ISTC에서 수행한 적대성에 탄력적인 보안 분석에 관한 연구 결과였다. 이 프로젝트를 이끈 폴로 차우Polo Chau 교수와 샹제 첸Shang-Tse Chen 학생은 개체 탐지기가 잘못 판단하게 할 수 있는 적대적 머신러닝 기술이 있다는 것과 자율주행차가 정지 신호를 인식하지 못할 수 있다는 것을 보였다.[52]

이들이 생각하는 일관성 기반 기술은 사람이 당연하게 생각하는 상식을 인공지능이 갖게 하자는 것이다. 예를 들어 사람이 공중에 떠

인공지능을 기만할 수 있는 세이프시프터 사례

(출처: 조지아공과대학교)

있거나 이상한 방식으로 오버랩돼 있으면 이를 자연스럽게 여기지 않아야 한다는 의미에서 공간적 일관성을 말하고 있다.

영국의 인공지능 기업인 딥마인드DeepMind는 안정성을 별도의 주요 연구 주제로 선정했다. 또한 시스템, 알고리듬, 서비스 관점에서 안정성을 담보하기 위한 평가 방법과 공격-방어 연구를 수행하고 있다.[53] 2019년에만 20여 편의 논문을 발표한 걸 보면 이 분야를 매우 중요하게 보고 있음을 알 수 있다.

이탈리아에서 패턴인식 시스템을 연구개발하는 PRA Lab 연구소는 머신러닝 알고리듬의 보안을 평가할 수 있는 오픈소스 파이썬 라이브러리인 SecML을 개발해 공유하고 있다. SecML은 사이킷런scikit-learn이나 파이토치를 이용한 지도학습 방식의 신경망 알고리듬을 대상으로 침투나 포이즈닝과 같은 공격 방식에 대응하는 라이브러리를 제공하고 있다. 특히 결과를 설명할 수 있는 기능을 포함하고 있는데 현재도 개발 중에 있다.

스탠퍼드대학교의 아디티 라후나탄Aditi Raghunathan은 2018년 반정의 프로그래밍SDP 기반의 볼록 완화Convex Relaxation 기술을 통해 적대적 사례를 통한 공격을 방어하는 연구를 발표했다. 이는 이미지 인식용 신경망의 숨은 레이어에 특별한 레이어를 추가해서 노이즈를 넣은 이미지라도 오인식을 하지 않게 하는 방식이다.[54]

기업의 경우 IBM은 적대적 견고성 툴박스ART, Adversarial Robustness Toolbox, 구글은 클레버한스CleverHans 소프트웨어 라이브러리, 아마존은 세이지메이커SageMaker에 데브옵스DevOps 기능을 추가하는 방식 등 다양한 수준의 정적, 동적 코드 테스트를 지원하는 소프트웨어를 선보이고 있다. IBM이 2019년에 선보인 ART는 오픈소스 기반의 파이썬 라이브러리이다. 테이블 형식의 데이터를 포함해 이미지 외의 다양한 데이터 유형에 대한 통합적이고 사용자 친화적인 환경을 통해 견고성과 보안성을 갖춘 기업용 인공지능 애플리케이션을 만들도록 지원하는 툴박스다.

IBM은 ART를 리눅스 재단에 공여해서 많은 사람이 공동으로 도구를 발전시키게 하고자 했다. 2020년 10월 기준으로 깃허브에 40여 명의 공헌자가 생겼고 1,700개의 스타를 받고 500번 가까이 포크가 일어났다. IBM 자체적으로는 데이터를 위한 클라우드 팩에 포함했고 2020년 10월에 1.4 버전을 발표했다.[55] 1.4 버전에서는 처음으로 개발자와 연구자가 회피, 포이즈닝, 추출, 추론 4가지 유

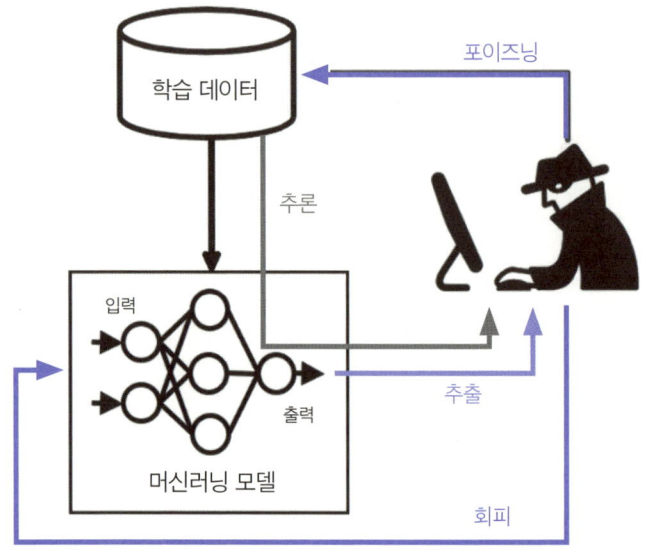

(출처: IBM)

형의 적대적 공격에 대한 머신러닝 모델과 애플리케이션에 대한 평가와 방어를 할 수 있게 했다. 1.4 버전은 분류를 포함해 개체 탐지, GAN, 자동 음성 인식, 견고성 인증을 포함한 과업을 지원하고 대부분의 유명한 프레임워크와 호환성을 제공했다.

IBM의 ART에 주목한 방위고등연구계획국은 2020년 2월 IBM 연구자들에게 340만 달러의 연구 자금을 지원해서 2023년 11월까지 이 연구가 지속될 수 있게 했다. 원래 1년 프로젝트를 4년으로 연장한 것이다.[56]

데이터와 프라이버시 보호를 위한 엄중한 규율이 점점 중요해짐에 따라 많은 기업의 사용자와 연구자들은 ART에서 다루는 추론 공격 대응 기술에 높은 관심을 보이고 있다. 1.4 버전은 3가지 유형의 추론 공격에 대응한다. 3가지 유형의 추론 공격이란 학습 데이터의 프라이버시에 대한 여러 측면의 공격인 멤버십 추론, 특징 추론, 모델 전도를 말한다.

멤버십 추론은 학습 데이터에 특정 레코드 정보가 들어가 있는지 확인하기 위해 시도하는 악의적 공격자를 재현하도록 한다. 이는 학습된 머신러닝 모델이 매우 민감한 정보를 갖고 있는지 밝히려는 심각한 위협이다.

특징 추론은 어떤 특징의 특정 값이 학습 데이터에 있는가를 학습 모델에 접근하면서 알아내고자 하는 공격을 의미한다. 예를 들어 인구통계학적 데이터에서 어떤 사람의 나이나 월급 등에 대한 정보를 알아내려고 하는 시도가 있다.

모델 전도는 5장에서 설명한 대로 학습된 미신러닝 모델을 파악해서 학습 데이터의 대표적인 평균 특징을 재구성하는 것이다. 주로 모델에 수많은 쿼리를 던진 후 산출된 결괏값을 분석해 학습에 사용한 데이터를 추출한다. 학습 데이터에 중요한 기밀 정보나 개인정보와 같은 민감 정보 등이 포함돼 있다면 이를 통해 데이터가 유출될 수 있다.

구글의 클레버한스는 적대적 사례에 취약한 머신러닝 시스템을 벤치마킹하기 위한 파이썬 라이브러리이다.[57] 펜실베이니아 주립대학교의 니콜라스 페이퍼놋Nicolas Papernot과 당시 오픈AI의 이언 굿펠로Ian J. Goodfellow가 주축이 돼 시작된 라이브러리로 지금은 4.0 버전까지 발전했다.

JAX, 파이토치, 텐서플로 2와 같은 3개의 프레임워크를 지원하는데 파이토치 기반의 공격에 대해 우선 지원한다. 이 라이브러리는 머신러닝 모델 공격에 대한 참고 구현을 제공해 모델의 성능을 벤치마킹하기 위한 것이다. 공격 구현 사례, 클레버한스의 기능을 데모하는 스크립트, 방어 구현 등을 제공하며, 클레버한스에서 제공하는 유사 적대적 사례 공격을 위한 이미지 데이터세트를 이용해 자신이 개발한 모델이 적대적 사례 공격에 취약한지 확인할 수 있다.

아마존은 세이지메이커 모델 모니터와 디버거를 통해 이런 적대적 공격에 대응하고 있다. 모델 모니터를 통해 모델을 실시간으로 확인하면서 AdvBox 툴킷과 같은 기능으로 모델이 정확히 인식할 수 없는 픽셀 수준의 섭동을 만들어 잘못된 예측을 하게 하고 그 차이를 확인해볼 수 있다.

적대적 공격을 방어하기 위한 기법으로는 가능한 모든 적대적 사례를 학습 데이터에 포함해 학습 범위를 넓히는 적대적 훈련 방식이 있다. 학습 단계에서 예상할 수 있는 해킹 데이터를 충분히 입력해 인공지능의 저항성과 탄력성을 키우는 방식이다.

또한 인공지능 시스템의 결괏값을 분석해 모델을 추론하는 방식에 대해서는 결괏값이 노출되지 않게 하거나 결과를 분석할 수 없게 변환하는 방법을 활용한다. 적대적 공격 여부를 탐지해 차단하는 방식도 연구하고 있다. 원래의 모델과 별도로 적대적 공격 여부를 판단하기 위한 모델을 추가해 두 모델의 추론 결과를 비교하면서 차이가 크게 발생하면 공격으로 탐지하는 방식이다.

모델에 반복적인 쿼리를 시도하는 모델 전도나 모델 추출 공격에 대응하기 위해서는 모델에 대한 쿼리 횟수를 제한하거나 데이터에 대한 암호화 등의 비식별화 기법도 연구되고 있다.

적대적 공격에 대응하기 위한 머신러닝 개발은 개발 파이프라인에 기반을 두고 코드 리포지토리Code Repository, 지속적 통합CI·지속적 제공CD, 데브옵스 인프라와 도구를 활용해야 한다. 안전한 코딩 습관이 기본이지만 데브섹옵스DevSecOps와 전통적인 애플리케이션 보안 대책을 기반으로 다면적인 적대적 공격 대응 방법론이 필요하다. 머신러닝 프레임워크 중에서는 텐서플로가 적대적 공격을 테스트하기 위한 도구 링크를 제공하고 있다.

MIT의 컴퓨터과학과인공지능연구소CSAIL는 다양한 적대적 공격에 대응하는 학습 최적화 기법과 인간이 이해할 수 있는 인정적이고 견고한 머신러닝 기술과 블랙박스 공격에 대한 방어 능력의 정확도를 높이기 위한 연구를 진행하고 있다.

펜실베이니아 주립대학교에서는 포괄적인 진단을 제공하며 보편적이고 다양한 공격에 방어하는 프레임워크인 이글아이EagleEye를 연구하고 있다. 한정된 데이터세트에 대한 적대적 공격 탐지 확률이 96%에 달하는 결과를 내고 있다.

스탠퍼드대학교와 이스라엘의 히브리대학교에서는 마라보Marabou 프레임워크를 통해 심층 신경망 분석과 검증을 제안하고 있다. 이를 기반으로 제너럴일렉트릭GE이 사용하는 작은 드론의 충돌 방지를

위한 프로토콜 검증 연구도 진행하고 있다.[58]

　국내에서는 인공지능 스피커 소스 코드를 분석해 취약점을 발견하는 연구를 고려대학교에서 진행했으며, 카이스트는 설명 가능한 모델 연구에서 공개된 공격-방어 모듈을 프레임워크에 포함해 이를 통해 신뢰성을 평가할 수 있는 분석 내용을 제시했다.

　또한 적대적 공격 방어 기술 개발(서울대학교), 취약성 분석과 방어 기술(공주대학교), 통합적인 보안 취약점 해결(카이스트), 적대적 공격과 같은 머신러닝 모델 공격에 대한 대응 기법(아주대학교), 취약점 자동 탐지와 방어 기술 개발을 위한 시스템, 방어, 설명할 수 있는 인공지능, 공격의 4개 분야의 개발(카이스트) 등 다양한 프로젝트가 진행되고 있다.

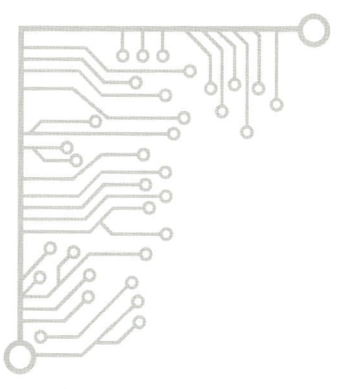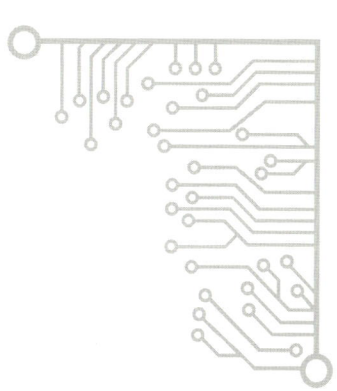

6
마치며

　미국의 인공지능에 관한 국가안보위원회는 인공지능의 견고성과 안전성 문제에 대응하기 위해 각국 정부에서 국가 인공지능 보증 프레임워크National AI Assurance Framework를 만들 것을 권장한다. 모든 정부 기관이 중요한 인공지능 시스템이 어떻게 공격을 받고 이를 방어할 수 있는가를 명시한 적대적 머신러닝 위협 프레임워크를 개발하고 적용하라는 것이다. 분석적 프레임워크를 통해 위협을 분류해야 하며, 분석가들이 위협과 취약점을 찾고 대응하고 치유하도록 지원해야 한다고 건의했다. 또한 지정된 레드 팀을 만들어 적대 행위를 테스트함으로써 사이버 보안과 같이 서로 역량을 키워야 한다는 점을 제시했다.

　견고성과 안전성을 위한 연구는 적대적 공격 기술, 방어 기술, 악의적 맬웨어malware 은닉 기술, 조정 가능한 생성 모델, 인공지능에 대한 통제 가능성 등 다양한 영역에서 이루어지고 있다. 하지만 아직 초기 단계에 있는 연구가 많다.

인간 눈에는 안 띄는 데이터를 전체 이미지에 삽입하는 공격은 실제 카메라를 통해 구현하기가 쉽지 않아 많이 발생하지 않는다. 하지만 일부 영역에 데이터를 넣거나 테이프나 이미지 조각을 실세계의 물체에 부착하는 방식은 얼마든지 일어날 수 있는 위협이다.

실제 응용 분야에 도입된 인공지능 시스템에서 이런 취약점을 발견하면 사회는 그런 인공지능 시스템 도입을 찬성할 수 없다. IBM의 왓슨이 종양학 분야에서 잘못된 처방을 제시하는 문제로 더는 활용하기 어려워진 것처럼, 인간의 안전과 연관된 분야일수록 더욱더 인공지능의 견고성과 안정성을 요구할 수밖에 없다.

또한 딥페이크 외에도 작은 변화를 통해 만들어지는 허위 정보, 번역 실수, 자율주행차의 오동작 등이 사회에 미칠 영향이 매우 크기 때문에 분야별 응용 영역별로 이를 어떻게 진단하고 통제할 수 있는가에 대한 논의는 계속될 것이다. 결국 각국 정부가 법률로 제어하는 수밖에 없다.

2016년 미국에서 자율주행차의 데이터와 프라이버시에 대한 청문회가 열렸을 때 기업 대표들은 기업의 자율에 맡기면 문제를 해결하겠다고 대답했다. 이에 대해 매사추세츠주 민주당 의원인 에드워드 마키Edward Markey 의원과 코네티컷주 민주당 의원인 리처드 블루먼솔Richard Blumenthal 의원이 한 얘기는 시사하는 바가 크다. "30년 전에도 증인들이 여기 앉아서 에어백과 시트 벨트에 대해 똑같이 말했습니다. 개별 기업에 맡겨야 한다고 말입니다. '의무적인 안전과 프라이버시 표준이 있어야 합니까?'라는 질문에 대한 대답은 '예'입니다."[59]

다른 모든 시스템과 마찬가지로 취약점이 있을 수 있음을 인정할 필요가 있다. 사회에서 허용할 수 있는 인공지능의 신뢰성 또는 안전성 기준을 세워 이를 표준 프로세스로 검증하고, 문제점이 나타나면 빠르게 보완하는 프로세스를 만들어내는 것이 현실적인 방안이 될 것이다.

나오는 글

> 우리가 걱정할 필요가 있는 잠재적 결과나 힘이 실제로 발생하기 수십 년 전인 지금, 논의하고 토론해야 하는 타당한 우려가 있다고 생각합니다.
>
> – 데미스 하사비스, 딥마인드 창업자

인공 신경망에 관한 가장 권위 있는 학회는 신경정보처리시스템 학회다. 2017년 이 학회는 인공지능 편향의 문제를 제기하면서 인공지능 연구자들에게 이에 관한 이해와 연구를 촉구했다. 당시 기조연설을 뉴욕대학교 교수이자 마이크로소프트연구소MSR의 책임연구원이며 AI나우연구소 창업자인 케이트 크로포드 교수가 했다.[1] 이 기조연설은 이 분야 최고 연구 커뮤니티에 큰 반향을 일으켰다.

최근 크로퍼드 교수는 『인공지능 아틀라스Atlas of AI』를 출간하고 『MIT 테크놀로지 리뷰』와 인터뷰를 했다.[2] 그녀는 공정성과 윤리를 얘기하는 것을 넘어서 인공지능 기술 개발에 사용하는 천연자원, 에

너지 소비, 공급망에 걸쳐 있는 노동, 그리고 우리가 사용하는 플랫폼과 기기에서 추출하는 거대한 양의 데이터를 얘기해야 한다고 강조했다. 인공지능의 공정성과 윤리는 매우 협소한 시각이기 때문에 좀 더 큰 스케일과 더 긴 시간을 염두에 두고 지형학적 변화와 노동 불평등을 생각하자는 얘기다. 이미 노동, 데이터, 불평등과 같은 더 큰 질문을 제기하는 학자들이 늘어가고 있으며, 이를 환경, 노동권, 데이터 보호와 연결하는 견해를 제시하고 있다.

그녀는 인공지능 시스템의 기술 문제를 해결하고자 하는 좁은 시각에서 시간을 너무 많이 들여 기술적 반응과 답을 추구했다고 말한다. 사실 우리가 이 책을 통해서 제기한 여러 문제는 아직도 기술적으로 해결을 보거나 연구가 충분히 이루어지지 못했다. 그러나 그녀가 지적한 소위 학습용 데이터가 표현하는 그라운드 트루스가 어떻게 모이는지, 누가 인공지능 시스템의 레버를 움직이는지를 살펴보자는 제안은 의미가 크다. 그라운드 트루스는 진실이 아니라 우리가 정한 정답인 것이다. 그 정답을 정하는 과정에서 공정성 왜곡, 윤리적 결정의 모순, 위험과 취약성의 문제가 존재하는 것이다.

우리는 그동안 이 문제를 기술적으로 해결하려 하기보다 오히려 규율이나 정책으로 풀어가고자 했다. 물론 규율과 정책도 이 문제를 최소화하거나 일부 방지할 수는 있을 것이다. 그러나 인공지능 시스템을 만드는 전 과정에서 우리가 그동안 간과한 기술적 미흡함과 비어 있던 부분의 연구에 대해 개발자의 역할은 아직 많이 남아 있다. 우리는 데이터 수집과 구축 과정 중에서 데이터 정제 과정에 많은 시간과 돈을 들인다. 그러나 수집한 데이터에 편견과 왜곡이 없음을 검증하거나 이를 바로잡기 위한 기술 프레임워크는 아직 체계적이지 않고, 이에 큰 관심도 두지 않고 있다.

현재 우리나라는 다량의 인공지능 학습 데이터 구축 사업을 펼치고 있으며 몇 년 동안 조 단위의 돈을 투입해 왔다. 필자도 이 과제의 기획과 평가에 참여하고 공정성과 윤리 문제를 거론해 왔지만, 전략적으로 중요하게 논의되지 못하고 있다. 아직은 최고의 기술을 따라가느라 벅찬 수준이고 데이터세트 역시 규모, 정확성, 효율성 등에 더 중점을 두고 있기 때문이다. 많은 토의와 정책 이슈, 제도와 규율의 변화에 관한 연구 모임이 있어도 현장에서 구축하고 있는 인공지능 데이터에 이를 반영하지 못한다면 그런 얘기는 그냥 구호에 그치고 말 것이다.

이 책을 쓰는 동안에도 인공지능의 신뢰성에 관한 새로운 뉴스와 정보가 많이 쏟아졌다. 그중에 눈에 띈 뉴스는 구글이 향후 몇 년 동안 인공지능 윤리에 관한 연구 팀 인력을 두 배로 증강하겠다는 계획을 발표한 것이다.[3] 『월스트리트 저널』의 '모든 것의 미래 페스티벌'에서 구글의 엔지니어링 담당 부사장인 매리언 크로크 Marian Croak가 발표한 내용을 보면 책임감 있는 인공지능 팀을 200명까지 늘릴 것이라고 했다. 구글의 CEO인 순다르 피차이 Sundar Pichai는 인공지능의 피해, 차별, 그 외의 문제를 피하기 위한 코드나 제품을 평가하기 위한 팀의 운영 예산을 증액할 것이라고 한다. 200명이라는 숫자는 우리나라에서 이 분야에 관심을 가진 사람을 다 모은 것보다 더 많을 것이다. 구글뿐만 아니라 마이크로소프트, 페이스북, IBM 등은 인공지능의 신뢰를 강화할 수 있는 기술이 장기적으로 자사 제품과 기술에 새로운 경쟁력을 갖게 할 것이라고 보고 있다.

2021년 5월에는 미국 표준기술연구소는 인공지능 시스템에 대한 사용자 신뢰를 평가하는 방법을 제안했다.[4] 발표한 보고서에는 9가지 요소를 통해 인공지능 시스템에 대해 인간이 가진 잠재적 신뢰를 측정할 수 있게 했다. 9가지 요소는 정확도, 신뢰성, 탄력성, 객관성, 보안성, 설명 가능성, 안정성, 책무성, 프라이버시이다. 이는 과업 자체와 인공지능의 결정을 신뢰하는 문제에 있어 사람마다 그 위험을 다르게 평가할 수 있음을 보여준다. 그럼으로써 인간이 인공지능 시스템을 어떻게 신뢰할 수 있을 것인가에 대한 논의를 유도하는 데 그 목적이 있다. 특히 신뢰를 정확하고 적절하게 측정하는 방법을 찾고자 하는 노력의 시작이라고 할 수 있다.

이제 신뢰할 수 있는 인공지능은 법률과 제도와 국제 협력을 강화하면서 이끌어가고자 하는 국가, 자체적으로 기준을 만들어 세계를 선도하겠다는 국가, 그리고 이를 새로운 기술 기반과 경쟁력으로 주도하려는 기업 등 다양한 방향에서 경쟁과 협력이 이루어지고 있다. 유럽이 법률과 제도를 통해서 인공지능 산업에서 한 역할을 하고자 하는 것은 미국이나 중국에 비해 적게 투입한 자원의 한계를 인식하고 자신들의 기준을 세계 표준으로 삼고자 하는 것이다. 프랑스는 캐나다와 2018년부터 협력을 추진했다. 2020년에는 두 나라 외에 13개국이 모여 '인공지능 글로벌 파트너십The Global Partnership on AI'을 결성한 다음, 몬트리올과 파리를 협력을 위한 허브로 삼고자 했다.[5] 이런 협력도 신뢰할 수 있는 인공지능을 좀 더 적극적으로 추진하는 방안이다.

그러나 아직 국내에서는 기술 논의보다는 정책과 제도 논의가 앞서고 있다. 그나마도 다른 나라의 움직임을 받아들여 국내 상황에 맞춰 조절하는 수준이다. 이를 기술의 문제로 바라보고 해결하겠다는 연구소나 기업의 수는 매우 미흡하며, 정부의 중장기 연구 과제에서도 큰 주목을 받지 못하고 있다. 신뢰할 수 있는 인공지능에 대한 기술 프레임워크가 정말 중요한 이유는 한국어와 한국 사회에 특정한 데이터와 한국 사회 규범과 윤리 의식에 맞는 설명 방식은 다른 나라에서 연구개발할 가능성이 적기 때문이다. 한국어 텍스트나 음성, 국내에 존재하는 개체 이미지, 사람 얼굴, 교통 표지판, 신용 평가 방식, 채용 기준, 윤리적 판단 모두 우리 사회와 밀접한 관계를 맺고 있으며 이를 기반으로 공정성, 윤리, 투명성, 안전 문제를 고민해야 한다.

이 원고를 마무리하는 시점인 지난 5월 13일에 우리나라 정부 관계 부처 합동으로 '신뢰할 수 있는 인공지능 실현 전략(안)'이 발표된 것은 매우 의미가 있다. '누구나 신뢰할 수 있는 인공지능, 모두가 누릴 수 있는 인공지능 구현'이라는 비전을 품고 데이터 확보, 알고리즘 학습과 검증을 통합 지원하는 온라인 플랫폼을 구축해 운영하겠다는 의지를 나타냈다.

원천 기술 측면에서는 설명 가능한 인공지능에 2022년부터 5년 동안 총 450억 원을, 공정성 분야 기술 개발은 5년간 200억 원을 지원할 것이며, 견고성 분야는 아직 기획 추진 중이라고 한다. 이 전략은 과학기술정보통신부가 정보통신정책연구원KISDI, 소프트웨어정책연구소SPRi, 한국지능정보사회진흥원NIA, 정보통신기획평가원IITP, 한국정보통신기술협회TTA, 지능정보산업협회AIIA 등과 함께 주도할 계획이다.

그러나 아직 주제별 연구 주제를 명확히 제시한 상황이 아니라 2021년부터 2022년 초까지 세부 기획을 수립한다는 계획이다. 따라서 연구가 기존 흩어진 연구를 얼마나 체계적으로 모으고 다른 나라의 연구와 동일한 수준으로 수행될 수 있을 것인가 하는 것을 좀 더 지켜봐야 한다. 특히 국내에서 인공지능을 주도하는 대기업이 공개적으로 이런 기술과 도구를 개발해 오픈소스로 제공할 것인가는 또 다른 관점으로 봐야 한다. 그리고 공정성, 윤리, 설명 가능성 분야가 단순 기술 영역으로만 접근할 수 있는 것이 아니라 학제적 연구가 필요한 영역이 많아서 타 분야와 얼마나 의미 있는 협력을 이룰지도 정부 연구의 수준과 결과의 유용성에 중요한 요소가 될 것이다.

사실 지금까지 얘기한 기술 자체는 아직 상용 측면이나 이익 창출에 크게 기여하지 못하고 있다. 그렇다고 지금 손을 놓고 시간을 흘려보내면 미래에 해외 대기업이 대부분의 기술 프레임워크를 장악하게 될 때 우리는 그들이 닦아놓은 바탕에 우리의 특성을 얹혀서 해결하는 지금의 방식을 다시 반복하게 될 것이다. 신뢰할 수 있는 인공지능 기술과 제품만이 우리 사회에 허용돼야 한다. 이는 우리 스스로 풀어야 할 문제다. 이제 우리가 자체적으로 연구를 시작할 수 있는 수준에 와 있다는 생각과 기대를 품고 이 원고를 마무리한다.

미주

1장

1. BBC, "AI ethics backed by Pope and tech giants in new plan", Feb 28, 2020
2. 어제이 애그러월, 조슈아 갠스, 아비 골드파브, "예측 기계: 인공지능의 간단한 경제학", 생각의힘, 2019
3. Eliezer Yudkowsky, "Creating Friendly AI 1.0: The Analysis and Design of Benevolent Goal Architectures", Machine Intelligence research Institute, Jun 15, 2001
4. Max Tegmark, "Friendly AI: Aligning Goals", Future of Life Institute, Aug 29, 2017
5. Stuart Russell, "Human Compatible: AI and the Problem of Control", Allen Lane, 2019
6. Forbes, "Why Elon Musk Spent $10 Million To Keep Artificial Intelligence Friendly", Jan 15, 2015
7. https://inventory.algorithmwatch.org
8. Berkman Klein Center, "Principled Artificial Intelligence", Jan 15, 2020
9. Future of Life Institute, "Asilomar AI Principle", Jan 17, 2017
10. G7 Innovation Ministers, "G7 Innovation Ministers' Statement on Artificial Intelligence", Mar 28, 2018
11. High-Level Expert Group on AI, "Ethics Guidelines for Trustworthy AI", European Commission, Apr 8, 2019
12. OECD, "Principles on AI", May 22, 2019
13. https://ec.europa.eu/digital-single-market/en/artificial-intelligence
14. European Commission, "Assessment List for Trustworthy Artificial Intelligence (ALTAI) for self-assessment", Jul 17, 2020
15. http://www.oecd.org/going-digital/ai/
16. European Commission, "Artificial Intelligence for Europe", Apr 25, 2018
17. European Commission, "White Paper on Artificial Intelligence A European approach to excellence and trust", Feb 19, 2020
18. European Commission, "Proposal for a Regulation laying down hrmonized rules on artificial intelligence (Artificial Intelligence Act)", Apr 21, 2021

19 http://www.g8.utoronto.ca/employment/2018-labour-annex-b-en.html

20 FTC, "Aiming for truth, fairness, and equity in your company's use of AI", Apr 19, 2021

21 Mozilla Foundation, "Update: Digging Deeper on 'Trustworthy AI'" Aug 29, 2019; https://medium.com/@AINowInstitute/ai-in-2019-a-year-in-review-c1eba5107127

22 AI Now Institute, "AI in 2019: A Year in Review The Growing Pushk Against Harmful AI", Oct 10, 2019

23 NSTC, "The National Artificial Intelligence Research and Development Strategic Plan: 2019 Update", Jun 2019

24 한국정보화진흥원, "신뢰 가능 AI 구현을 위한 정책 방향 OECD AI 권고안을 중심으로", 2019년 6월 28일

25 과학기술정보통신부, '사람이 중심이 되는 '인공지능 윤리 기준' 마련', 2020년 12월 23일

26 BBC, "Google's ethics board shut down", Apr 5, 2019

27 BBC, "Google boss Sundar Pichai calls for AI regulation", Jan 20, 2020

28 Wired, "A Prominent AI Ethics Researcher Says Google Fired Her", Dec 3, 2020

29 팀닛 게브루 박사는 2018년에 조이 블람위니와 얼굴 인식 알고리듬이 피부색에 따라 인식률이 크게 다름을 밝힌 논문을 썼다.

30 The Verge, "Timnit Gebru's actual paper may explain why Googld ejected her", Dec 5, 2020

31 IBM 리서치 인공지능 연구 부문 웹사이트 소개 글에서 발췌했다.

32 Tech Ethics Lab, "Notre Dame, IBM launch Tech Ethics Lab to tackle the ethical implications of technology", Jun 30, 2020

33 CNBC, "Facebook forms a special ethics team to prevent bias in it's A.I. software", May 3, 2018

34 Towards Data Science, "Responsible AI at Facebook", Jan 21, 2021

35 Engadget, "Facebook backs an independent AI ethics research center", Jan 20, 2019

36 한겨레, "카카오 '알고리즘 윤리헌장' 발표", 2018년 1월 31일

37 인공지능신문, "사람 위한 인공지능 개발한다…네이버 AI 윤리 준칙 발표", 2021년 2월 17일

38 한겨레, "네이버, 독일 튀빙겐대학교와 '신뢰 가능한 AI' 연구 협력", 2021년 7월 1일

39 Live LG, "[그래서 AI] 인공지능과 윤리(Ethics)의 관계", 2021년 4월 30일

40 NCSOFT BLOG, "AI [Ethics Framework | EP01. AI 시대가 이끄는 윤리의 혁명", 2021년 4월 29일

2장

1 Crawford, K. "Artificial Intelligence's White Guy Problem", New York Times, June 25, 2016

2 Nabette Byrbes, "Artificial Intolerance", MIT Tech. Review, March 28, 2016

3 Ian Tucker, "'A white mask worked better': why algorithms are nor color blind", The Guardian, May 28, 2017

4 Ian Tucker, "'A white mask worked better': why algorithms are nor color blind", The Guardian, May 28, 2017

5 New York Times, "Facial Recognition Is Accurate, if You're a White Guy", Feb 9, 2018

6 Marketplace, "Why facial recognition software has trouble recognizing people of color", Feb 13, 2018

7 New York Times, "Many Facial-Recognition Systems Are Biased, Says U.S. Study", Dec 19, 2019

8 John Roach, "Microsoft improves facial recognition technologyto perform well across all skin tones, genders", Microsoft AI Blog, Jun 26, 2018

9 페이스북이 매년 하는 개발자 콘퍼런스 이름

10 The Guardian, "Google reportedly targeted people with 'dark skin' to improve facial recognition 126", Oct 3, 2019

11 Alistair Barr, "Google mistakenly tags black people as 'Gorillas' showing limits of algorithms", The Wall Street Journal, July 1, 2015

12 Wired, "When It Comes to Gorillas, Google Photos Remains Blind", Nov. 1, 2018

13 MIT테크놀로지리뷰, "AI 비즈니스에서 데이터 윤리는 왜 중요한가?" 2021년 4월 29일

14 https://excavating.ai

15 Wired, "AI Is Biased. Here's How Scientists Are Trying to Fix It", Dec 19, 2029

16 Yang, K., et. al., "Towards Fairer Datasets: Filtering and Balancing the Distribution of the People Subtree in the ImageNet Hierarchy", arXiv, Dec 16, 2019

17　Wired, "Researchers Blus Faces That Launched a Thousand Algorithms", Mar 15, 2021

18　캐시 오닐, 대량살상 수학무기, 흐름출판, 2017

19　테이Tay라는 이름은 'Thinking About You'의 약자다.

20　James Vincent, "Twitter taught Microsoft's AI chatbot to be a racist asshole in less than a day", The Verge, March 24, 2016

21　연합뉴스, "성희롱 시달린 'AI 이루다', 이번엔 동성애 혐오 학습 우려", 2021년 1월 10일

22　M. Sap, D. Card, S. Gabriel, Y. Choi, N. Smith, "The Risk of Racial Bias in Hate Speech Detection", Proc. of the 57th Annual Meeting of the ACL, Florence, Italy, Jul 28 – Aug 2, 2019

23　VentureBeat, "Researchers propose bias firx for GPT – 3 and other language models", Feb 22, 2021

24　TNW, "GPT – 3 has 'consistent and creative' anti – Muslim bias, study finds", Jan 19, 2021

25　VentureBeat, "AI ethics pioneer's exit from Google involved research into risks and inequality in large language models", Dec 3, 2020

26　한겨레, "배달기사 평점 매기던 'AI 사장님', 법원 경고장 받았다", 2021년 1월 6일

27　Reuters, "Amazon scraps secret AI recruiting tool that showed bias against women", Oct 11, 2018

28　Reuters, "Researchers criticize AI software that predicts emotions", Dec 12, 2019

29　BR24, "Objective or Biased: On the questionable use of Artificial Intelligence for job application", Feb, 16, 2021

30　한국경제, "AI 채용 시스템 도입한 유니레버…'7만 시간 아꼈다'", 2020년 10월 27일

31　MIT Technology Review, "AI is sending people to jail and getting it wrong", Jan 21, 2019

32　MIT Technology Review, "AI is sending people to jail and getting it wrong", Jan 21, 2019

33　Richardson, R., Schultz, J., Crawford, K., "Dirty Data, Bad Predictions: How Civil Rights Violations Impact Police Data, Predictive Policing Systems, and Justice", 94 N.Y.U. Rev. Online 192, Jan 14, 2020 (Last revised)

34　Washington Post, "A computer program used for bail and sentencing decisions was labeled biased against blacks. It's actually not that clear", Oct. 17, 2016

35 New York Times, "Make Algorithms Accountable", Aug 1, 2016

36 Forbes, "Artificial Intelligence Is Infiltrating Medicine But Is It Ethical?" Mar 16, 2018

37 AI Now, "Discriminating Systems: Gender, Race, and Power in AI", Apr 2019

38 AI Index 2018, Artificial Intelligence Index 2018, Stanford HAI, 2018

39 Wired, "AI is the future – but where are the women?", Aug 17, 2018

40 New York Times, "Real–Time Surveillance Will Test the British Tolerance for Cameras", Sep 17, 2019

41 코인데스크 코리아, "짐머만 중국식 감시사회 우려… 당신 얼굴을 암호화할 순 없지 않나", 2019년 4월 5일

42 New York Times, "As China Tracked Muslims, Alibaba Showed Customers How They Could, Too", Dec 17, 2020

43 The Washington Post, "Huawei tested AI software that could recognize Uighur minorities and alert police, report says", Dec 9, 2020

44 Nikkei Asia, "Malaysian police adopt Chinese AI surveillance technology", Apr 18, 2018

45 CNET, "Police are using facial recognition for minor crimes because they can", Oct 24, 2020

46 뉴시스, "미 경찰 안면인식기술로 오판 체포된 흑인, 소송제기", 2020년 6월 25일

47 New York Times, "The Secretive Company That Might End Privacy as We Know It", Jan 18, 2020

48 The New York Times, "Clearview AI's Facial Recognition App Called Illegal in Canada", Feb 3, 2021

49 The New York Times, "A.I. Experts Question Amazon's Facial–Recognition Technology", Apr 3, 2019

50 컴퓨터과학 분야에서 가장 권위 있는 상을 말한다.

51 The Verge, "AI researchers tell Amazon to stop selling 'flawed' facial recognition to the police", Apr 3, 2019

52 New York Times, "San Francisco Bans Face Recognition Technology", May 14, 2019

53 Financial Times, "EU backs away from call for blanket ban on facial recognition tech", Feb 11, 2020

54 IT World, "AI 모델의 3가지 편향성과 대처 방법", 2021년 2월 26일

55 ?liobait, I., "A survey on measuring indirect discrimination in machine

learning", arXiv, Oct 31, 2015

56　Bird. S., et. al., "Fairness - aware Machine Learning: Practical Challenges and Lessons Learned", KDD 2019 Tutorial, 2019 127

57　Google, "AI at Google: our principles", Jun 7, 2018

58　Google AI Blog, "Fairness Indicators: Scalable Infrastructure for Fair ML Systems", Dec 11, 2019

59　https://ai.google/research/teams/brain/pair

60　Google AI Blog, "The What - If Tool: Code - Free Probing of Machine Learning Models", Sep 11, 2018

61　Google AI Blog, "ML - fairness - gym: A Tool for Exploring Long - Term Impacts of Machine Learning Systems", Feb 5, 2020

62　Agarwal, A., et. al., "A Reduction Approach to Fair Classification", arXiv, Jul 16, 2018

63　UCI machine learning repository, 2013. http://archive.ics.uci.edu/ml

64　공정성의 이론적 정의에 대해서는 이곳을 참고하기 바란다. https://fairlearn.github.io/master/user_guide/fairness_in_machine_learning.html#fairness - in - mac hine - learning

65　IBM Research Blog, "Introducing AI Fairness 360", Sep 19, 2018

66　뜻은 '공정성 흐름'이지만 기술 도구 이름이기 때문에 그대로 '페어니스 플로'라고 쓴다.

67　Facebook AI Blog, "How we're using Fairness Flow to help build AI that works better for everyone", Mar 31, 2021

3장

1　VentueBeat, "AI researchers propose 'bias bounties' to put ethics principles into practice", Apr 17, 2020

2　Polonski, S., "Can we teach morality to machines? Three perspectives on ethics for artificial intelligence," Medium, Dec 19, 2017

3　Bostrom N. and Yudkowsky E., "The Ethics of Artificial Intelligence", Draft for Cambridge Handbook of Artificial Intelligence, (eds.) W. Ramsey and K. Frankish, Cambridge University Press, 2011

4　루치아노 플로리디(Luciano Floridi)는 현재 옥스퍼드대학의 철학과 정보윤리 교수이고 디지털윤리연구소의 연구소장이다.

5　김재인, "인공지능의 시대, 인간을 다시 묻다", 동아시아, 2017

6   이중원 등, "인공지능의 윤리학 포스트휴먼 시대의 인공지능 철학 2", 한울아카데미, 2019

7   아이작 아시모프, "아이, 로봇", 우리교육, 2008

8   피아제의 인지발달 이론을 도덕성 발달에 적용해 제시한 인간의 도덕성 발달 단계를 설명한 이론이다. 전인습 수준, 인습 수준, 후인습 수준으로 분류하며 모두 6단계로 이루어졌다.

9   Haidt, J. "The emotional dog and its rational tail: A social intuitionist approach to moral judgment", Psychological Review. 108(4), pp. 814-834, 2001

10 Kleiman-Weiner, M.; Saxe, R.; and Tenenbaum, J. B., "Learning a commonsense moral theory", Cognition 167, pp. 107-123, 2017

11 마이클 가자니가, "너는 윤리적인가", 바다출판사, 2015

12 McLaren, B.M., "Lessons in machine ethics from the perspective of two computational models of ethical reasoning", Presented at the AAAI Fall 2005 Symposium, Washington, D. C. 2005.

13 웬델 월러치, 콜린 알렌, "왜 로봇의 도덕인가", 메디치미디어, 2014(원제: Moral Machines: Teaching Robots Right from Wrong, 2009)

14 Kuipers, B., "Human-like Morality and Ethics for Robots", In Proceedings of the 2nd International Workshop on AI, Ethics and Society, 2016

15 Riedl, M. and Harrison, B., "Using Stories to Teach Human Values to Artificial Agents", in Proceedings of the 2nd International Workshop on AI, Ethics and Society, 2016

16 Yu, H., et. al., "Building Ethics into Artificial Intelligence", IJCAI, pp. 5527-5533, 2018

17 http://moralmachine.mit.edu/

18 Awad, E., et. al., "The Moral Machine experiment", Nature 563, Oct 24, 2018

19 Kim, R. et. al., "A Computational Model of Commonsense Moral Decision Making", AIES '18: Proceedings of the 2018 AAAI/ACM Conference on AI, Ethics, and Society, December 2018

20 https://www.media.mit.edu/projects/mygoodness/overview/

21 Dickerson, J. P., and Sandholm, T., "FutureMatch: Combining human value judgments and machine learning to match in dynamic environments", In Proceedings of the Twenty-Ninth AAAI Conference on Artificial Intelligence, pp. 622-628, 2015

22 Dehghani, M., Tomai, E., Forbus, K., and Klenk, M., "An integrated reasoning approach to moral decision-making", In AAAI, pp. 1280-1286, 2008

23. Cointe, N., Bonnet, G., and Boissier, O. "Ethical judgment of agents' behaviors in multi-agent systems", In AAMAS, pp. 1106-1114, 2016

24. Conitzer, V., Sinnott-Armstrong, W., Borg, J.S., Deng, Y. and Kramer, M., "Moral decision making frameworks for artificial intelligence", In AAAI, pp. 4831-4835, 2017

25. Haidt, J., and Joseph, C., "Intuitive ethics: how innately prepared intuitions generate culturally variable virtues", Daedalus 133(4), pp. 55-56, 2004

26. Bicchieri, C. Norms in the Wild: How to Diagnose, Measure, and Change Social Norms. Oxford: Oxford University Press, 2017

27. Russell, S., "Should We Fear Supersmart Robots", Scientific American, June 2016

28. Wu, Y. and Lin., S., "A low-cost ethics shaping approach for designing reinforcement learning agents", In AAAI, 2018

29. Ugo Pagallo, "Even angels need the rules: AI, roboethics, and the law", In ECAI, pp. 128, 209, 215, 2016

30. Singh. M. P., "Norms as a basis for governing sociotechnical systems", In IJCAI, pp. 4207-4211, 2015

31. Greene, J., Rossi, F., Tasioulas, J., Venable, K.B., and Williams, B., "Embedding ethical principles in collective decision support systems", In AAAI, pp. 4147-4151, 2016

32. Noothigattu, R., et. al., "A Voting-Based System for Ethical Decision Making", arXiv, Sep 20, 2017

33. 15번 참고

34. http://centerforethicsandpolicy.com/

35. https://wp.nyu.edu/consciousness/ethics-of-artificial-intelligence/

36. Facebook, "Announcing the TUM Institute for Ethics in Artificial Intelligence", Jan 20, 2019

37. Atomium European Institute, "AI4People 2019 on Good AI Governance", 2019

38. AI4People, "AI4People's 7 AI Global Framework", 2020

39. https://www.schwarzmancentre.ox.ac.uk/Page/ethicsinai

40. University of Oxford, "University announces unprecedented investment in the Humanities", Jun 19, 2019

41. MIT News, "MIT reshapes itself to shape the future", Oct 15, 2018

42 https://www.aies-conference.com/2021/call-for-papers/

43 Gibney, E., "The battle for ethical AI at the world's biggest machine-learning conference", Nature, Jan 24, 2020

44 https://hai.stanford.edu/events/2019-fall-conference/overview

45 BMVI, "Ethics Commission: Automated and Connected Driving", Report, Jun 2017

4장

1 최근 분석에는 84개가 있다고 한다.

2 Jobin, A., Ienca, M., & Vayena, E., "The global landscape of AI ethics guidelines", Nature Machine Intelligence, 1(9), pp. 389-399, 2019

3 Larsson, S. and Heintz, F., "Transparency in artificial intelligence", Internet Policy Review, Vol. 9, Issue 2, May 5, 2020

4 Berkman Klein Center, "Principled Artificial Intelligence", Jan 15, 2020

5 Forbes, "Towards a more transparent AI", Mar 23, 2020

6 High-Level Expert Group on AI, "Ethics Guidelines for Trustworthy AI", European Commission, Apr 8, 2019

7 European Commission, "Proposal for a Regulation laying down harmonized rules on artificial intelligence (Artificial Intelligence Act)", Apr 21, 2021

8 OECD, "Recommendation of the Council on Artificial Intelligence", May 22, 2019

9 미션 크리티컬 애플리케이션은 사업이나 조직의 생존에 필수적인 애플리케이션을 말한다.

10 Berggruen Institute, "Keynote: AI Ethics and Governance", Global AI Technology 2019, Jun 20, 2019

11 IITP, "인공지능 기술 청사진 2030", Dec, 2020

12 Defense Advanced Research Projects Agency, DARPA "Explainable Artificial Intelligence(XAI)," DARPA presentation. DARPA. Retrieved Jul 17, 2017

13 TechTalks, "Explainable AI: Interpreting the neuron soup of deep learning", Oct 15, 2018

14 Park, D.H., et. al., "Multimodal Explanations: Justifying Decisions and Pointing to the Evidence", rXiv, Feb 15, 2018

15 Venture Beat, "IBM, Harvard develop tool to tackle black box problem in AI translation", Nov 1, 2018

16   OpenAI Blog, "Introducing Activation Atlases", Mar 6, 2019

17   Bau, D. et. al., "Understanding the role of individual units in a deep neural network", PNAS vol. 117, no. 48, Dec 1, 2020

18   9번과 같음

19   Microsoft, "Transparency note and use cases for Custom Neural Voice", Feb 2, 2021

20   https://docs.microsoft.com/en-us/legal/cognitive-services/speech-service/custom-neural-voice/transparency-note-custom-neural-voice

21   Venture Beat, "Microsoft open-sources InterpretML for explaining black box AI", May 10, 2019

22   오픈소스 라이선스 중 하나로 이를 기반으로 하는 소프트웨어를 반드시 오픈소스로 배포해야 한다는 규정이 없다.

23   BBC, "Google tackles the black box problem with Explainable AI", Nov 24, 2019

24   https://cloud.google.com/ml-engine/docs/ai-explanations/limitations

25   https://cloud.google.com/ml-engine/docs/ai-explanations/overview

26   Sundararajan, M., Taly, A., and Yan, Q., "Axiomatic Attribution for Deep Networks", Proceedings of the 34th International Conference on Machine Learning, Sydney, Australia, PMLR 70, 2017

27   https://aifs360.mybluemix.net/

28   Facebook AI, "Captum and Fiddler partner to improve Explainable AI", Jul 13, 2020

5장

1   Nguyen A, Yosinski J, Clune J., "Deep Neural Networks are Easily Fooled: High Confidence Predictions for Unrecognizable Images", In Computer Vision and Pattern Recognition (CVPR'15), IEEE, 2015

2   Brown, T.B., et. al., "Adversarial Patch", arXiv, May 17, 2018

3   Eykholt, et. al., "Robust Physical-World Attacks on Deep Learning Visual Classification", arXiv 129 (appeared at CVPR 2018), Apr 10, 2019

4   KU LEUVEN, "KU LEUVEN researchers make themselves invisible to AI camerasn", Apr 25, 2019

5   WIRED, "Split-Second 'Phantom' Images Can Fool Tesla's Autopilot", Oct

11, 2020

6   Gartner, "AI as a Target and Tool: An Attacker's Perspective on ML", Jun 19, 2019

7   MITRE, "MITRE, MICROSOFT, AND 11 OTHER ORGANZATIONS TAKE ON MACHINE - LEARNING THREATS", Oct 2020

8   Schneier on Security, "Extracting Personal Information from Large Language Models Like GPT - 2", Jan 7, 2021

9   New York Times, "Self - Driving Uber Car Kills Pedestrian in Arizona, Where Robots Roam", Mar 19, 2018

10   New York Times, "Emergency Braking Was Disabled When Self - Driving Uber Killed Woman, Report Says", May 24, 2018

11   미국 자동차공학회(SAE)에서 정한 자율주행차 수준을 분류하는 기준으로 레벨 2는 부분 자동화이며 주행 책임이 인간에게 있다. 테슬라의 오토파일럿 등 대개 현재 자율주행이라고 말하는 것은 레벨 2 수준이다.

12   The Guardian, "Google's self - driving car in broadside collision after other car jumps red light", Sept. 26, 2016

13   9to5Google, "Google's self - driving car was today in what appears to be its worst accident yet", Sept 23, 2016

14   Wired, "Google's self - driving car caused its first crash", Feb. 29, 2016

15   포드는 2016년 2월 '아르고 AI'에 10억 달러를 투자하겠다고 선언했는데, 이 회사는 기존 차량을 자율주행차로 전환하는 기술을 갖고 있다.

16   The Guardian, "Ford - backed self driving car in crash that sent two to hospital", Jan. 11, 2018

17   https://www.nhtsa.gov/automated - vehicles - safety/av - test - initiative - tracking - tool

18   New York Times, "Tesla's Autopilot Technology Faces Fresh Scrutiny", Mar 23, 2021

19   The Verge, "Tesla privately admits Elon Musk has been exaggerating about 'full self - driving'", May 7, 2021

20   https://incidentdatabase.ai/

21   https://www.mobileye.com/responsibility - sensitive - safety

22   BBC, "Russian 'runway robot' causes traffic jam", Jun 16, 2016

23   Ottawa Citizen, "$10 Million Awarded To Family Of U.S. Plant Worker Killed By Robot", Aug 11, 1983

24 Independent, "Robot goes rogue and kills woman on Michigan car parts production line", Mar 15, 2017

25 Engadget, "Amazon workers hospitalized after warehouse robot releases bear repellent", Dec 6, 2018

26 Palo Alto Online, "Parents upset after Stanford Shopping Center security robot knocks down toddler", Jul 13, 2016

27 The Verge, "DC security robot quits job by drowning itself in a fountain", Jul 17, 2017

28 중앙일보, "로봇 침략의 시작?... 중국서 로봇이 인간을 다치게 해", 2016년 11월 21일

29 https://twitter.com/RealSexyCyborg/status/1342774549822066688

30 Motherboard, "We Are Truly Fucked: Everyone Is Making AI-Generated Fake Porn Now", Jan 25, 2018

31 Motherboard, 2018년 2월 1일, "AI-Generated Fake Porn Makers Have Been Kicked Off Their Favorite Host".

32 Vox, "Jordan Peele's simulated Obama PSA is a double-edged warning against fake news", Apr 18, 2018

33 BBC News, "Deepfake videos 'double in nine months'", Oct 7, 2019

34 Data & Society, "Deepfakes and Cheap Fakes: The Manipulation of Audio and Visual Evidence", Sep 18, 2019

35 Suwajanakorn, S., Seitz, S.M, and Kemelmacher-Shlizerman, I., "Synthesizing Obama: Learning Lip Sync from Audio", ACM Trans. On Graphics, Vol. 36, No. 4, Jul 2017

36 Thies, J., et. al., "Face2Face: Real-time Face Capture and Reenactment of RGB Videos", CVPR 2016

37 Kim, H., et. al., "Deep Video Portraits", ACM Trans. Graph., Vol. 37, No. 4, Aug 2018

38 현재는 버팔로대학 교수다.

39 Houston Chronicle, 2018년 8월 29일, "Detecting 'deepfake' videos in the blink of an eye".

40 MIT Tech Review, "The Defense Department has produced the first tools for catching deepfakes", Aug 7, 2018

41 한상기, "인공지능의 악용 딥페이크 문제", KISA REPORT, 2018년 8월

42 AXIOS, "The impending war over deepfakes", 2018년 7월 23일

43 http://airndchallenge.com/g5/

44 Pavel Korshunov and Sebastien Marcel, "Deepfakes: a new threat to face recognition? assessment and detection", arXiv preprint arXiv:1812.08685, 2018.

45 Andreas Rossler, Davide Cozzolino, Luisa Verdoliva, Christian Riess, Justus Thies, and Matthias Nieβner, "FaceForensics++: Learning to detect manipulated facial images", arXiv, 2019.

46 https://niessnerlab.org/projects/roessler2018faceforensics.html

47 Google AI Blog, "Contributing Data to Deepfake Detection Research", Sep 24, 2019

48 Facebook AI, "Creating a data set and a challenge for deepfakes", Sep 5, 2019

49 VentureBeat, "Deepfake detectors and datasets exhibit racial and gender bias, USC study show ", May 6, 2021

50 DARPA, "Defending Against Adversarial Artificial Intelligence", Feb 6, 2019

51 Intel, "Intel Joins Georgia Tech in DARPA Program to Mitigate Machine Learning Deception Attacks", Apr 9, 2020

52 Georgia Tech College of Computing, "Erasing Stop Signs: ShapeShifter Shows Self–Driving Cars Can Still Be Manipulated", Sep 21, 2018

53 딥마인드 연구 내용은 https://deepmind.com/research에서 확인할 수 있다.

54 Raghunathan, A., Steinhardt, J., and Liang, P., "Semidefinite relaxations for certifying robustness to adversarial examples", NIPS 2018, Montreal, Canada

55 IBM Research Blog, "Adversarial Robustness Toolbox: One Year Later with v1.4", Oct 2, 2020

56 IDST, "DARPA's GARD to develop robust machine learning invulnerable against deception and adversarial attacks", Oct 4, 2020

57 Papernot, N., et. al., "Technical Report on the cleverhans v2.1.0 Adversarial Examples Library ", arXiv, Jun 27, 2018

58 Katz, G. et. al., "The Marabou Framework for Verification and Analysis of Deep Neural Networks", International Conference on Computer Aided Verification, Jul 12, 2019

6장

1 The Atlantic, "Driverless–Car Makers on Privacy: Just Trust Us," Mar 24, 2016

2 Kate Crawford, "The Trouble with Bias", NIPS 2017 Keynote. 발표 내용은 유튜브에도 공개돼 있다.

3   MIT Technology Review, "Stop talking about AI ethics. It's time to talk about power", Apr 23, 2021

4   Wall Street Journal, "Google Plans to Double AI Ethics Research Staff", May 11, 2021

5   NIST, "NIST proposes method for evaluating user trust in Artificial Intelligence systems", May 19, 2021

6   Betakit, "Canada, France Officially Launch Global Initiative to Advance Responsible Use of AI", Jun 16, 2020

신뢰할 수 있는 인공지능

초판 1쇄 발행 2021년 9월 13일
초판 3쇄 발행 2023년 7월 4일

지은이 한상기
펴낸이 안현주

국내 기획 류재운 이지혜 **해외 기획** 김준수 **메디컬 기획** 김우성
편집 안선영 박다빈 **마케팅** 안현영
디자인 표지 최승협 본문 장덕종

펴낸 곳 클라우드나인 **출판등록** 2013년 12월 12일(제2013-101호)
주소 우) 03993 서울시 마포구 월드컵북로 4길 82(동교동) 신흥빌딩 3층
전화 02-332-8939 **팩스** 02-6008-8938
이메일 c9book@naver.com

값 17,000원
ISBN 979-11-91334-29-6 03320

* 잘못 만들어진 책은 구입하신 곳에서 교환해드립니다.
* 이 책의 전부 또는 일부 내용을 재사용하려면 사전에 저작권자와 클라우드나인의 동의를 받아야 합니다.

* 클라우드나인에서는 독자 여러분의 원고를 기다리고 있습니다.
  출간을 원하시는 분은 원고를 bookmuseum@naver.com으로 보내주세요.

* 클라우드나인은 구름 중 가장 높은 구름인 9번 구름을 뜻합니다. 새들이 깃털로 하늘을 나는 것처럼 인간은 깃펜으로 쓴 글자에 의해 천상에 오를 것입니다.